跨文化交流视域下的典籍外译研究

黄玉霞　著

中国书籍出版社
China Book Press

图书在版编目 (CIP) 数据

跨文化交流视域下的典籍外译研究 / 黄玉霞著 . --
北京：中国书籍出版社 , 2023.6
ISBN 978-7-5068-9478-4

Ⅰ . ①跨… Ⅱ . ①黄… Ⅲ . ①汉语 – 古籍 – 翻译 – 研
究 Ⅳ . ① H159

中国国家版本馆 CIP 数据核字（2023）第 120525 号

跨文化交流视域下的典籍外译研究

黄玉霞　著

责任编辑	成晓春	
责任印制	孙马飞　马　芝	
封面设计	马静静	
出版发行	中国书籍出版社	
地　　址	北京市丰台区三路居路 97 号 (邮编：100073)	
电　　话	（010）52257143（总编室）　（010）52257140（发行部）	
电子邮箱	eo@chinabp.com.cn	
经　　销	全国新华书店	
印　　厂	北京亚吉飞数码科技有限公司	
开　　本	710 毫米 × 1000 毫米　1/16	
字　　数	160 千字	
印　　张	9.5	
版　　次	2024 年 3 月第 1 版	
印　　次	2024 年 3 月第 1 次印刷	
书　　号	ISBN 978-7-5068-9478-4	
定　　价	70.00 元	

前　言

　　中国与欧洲的交往可以追溯到公元前数百年,然而,代表中国文化的典籍译介到欧洲则是从近代开始的。从 16 世纪至今的四百余年间,典籍西传经历了从零星的个人介绍到成规模的海外推介,以及事业化地向外传播活动,最终成为国家战略主题几大阶段。纵览西方对中国的认识,经历了从传说到赞美再到否定的过程,典籍西传是中西文化长期交流的活动之一,将其放在跨文化交流的视角下考察,不难看出翻译的本质是跨文化交流。

　　本研究以中华传统典籍外译为主要研究对象,第一章首先介绍了文化和典籍的关系。第二章至第五章从中西文化交流视角考察了典籍外译的各个阶段:中西早期文化交流主要停留在器物层面,典籍并未出席;大航海拉开了全球化的初幕,来华传教士开始零星翻译典籍;及至 19 世纪,新教传教士大量译介典籍;之后中国学者开始西译典籍。第六章、第七章对典籍翻译研究从翻译内部和翻译外部两个维度进行了梳理与述评。第八章基于跨文化交流的视角对典籍翻译实践与研究进行了分析。

　　本研究是山西省哲学社会科学规划课题"中华典籍外译推动文化自信构建研究"(课题编号:2021YJ115)的研究成果,感谢课题组对本研究的资助!

　　限于本人水平有限,文献收集与获取也不够全面,书中不当之处在所难免,恳请读者批评指正。

黄玉霞
2023 年 2 月

目　录

第一章　文化与典籍概述 ·· 1

　　第一节　文化的源起、分类及特征 ································ 1

　　第二节　典籍定义及其分类 ·· 5

　　第三节　典籍中儒学的文化观 ······································ 8

　　第四节　典籍外译的意义 ··· 10

第二章　典籍"缺席"的中西早期文化交流 ··················· 13

　　第一节　"大秦国"与"赛里斯" ································ 13

　　第二节　"赛里斯"的形象学视角分析 ······················ 16

　　第三节　《马可·波罗游记》及其影响 ······················ 18

第三章　16—18世纪传教士外译中国典籍 ··················· 23

　　第一节　地理大发现背景下传教士入华 ······················ 23

　　第二节　文化交流观照下的利玛窦评价 ······················ 26

　　第三节　传教士与典籍西传 ······································· 29

　　第四节　欧洲的"中国风" ·· 33

　　第五节　中国对欧洲的认识 ······································· 37

第四章　19—20世纪上半叶中国典籍西传 ················· 41

　　第一节　鸦片战争背景下新教传教士译典籍 ··············· 41

　　第二节　作为译者的传教士译典籍比较 ······················ 45

　　第三节　从"Deus"到"God"的译名之争 ··············· 49

　　第四节　译者主体性在典籍翻译中的体现 ··············· 53

第五章　海外华人和本土译者译典籍 …………………………… 61
　　第一节　翻译家辜鸿铭 ……………………………………… 61
　　第二节　"两脚踏中西文化"的林语堂 …………………… 64
　　第三节　中国本土学者译典籍 ……………………………… 70
　　第四节　典籍外译译者问题探讨 …………………………… 77

第六章　典籍翻译研究的跨文化视角 …………………………… 82
　　第一节　典籍融入英语人才培养中的意义与作用 ………… 82
　　第二节　全球化视野下的典籍外译研究 …………………… 89

第七章　典籍翻译研究述评（上）……………………………… 93
　　第一节　语言与文化的关系 ………………………………… 94
　　第二节　典籍外译中的汉语学习与传播及研究 …………… 97
　　第三节　典籍外译的文本内部研究 ………………………… 102
　　第四节　研究案例之一 ……………………………………… 105

第八章　典籍翻译研究述评（下）……………………………… 116
　　第一节　典籍外译的文本外部研究 ………………………… 116
　　第二节　典籍翻译中的回译 ………………………………… 120
　　第三节　民族典籍外译研究梳理 …………………………… 125
　　第四节　研究案例之二 ……………………………………… 128

参考文献 ………………………………………………………… 140

第一章　文化与典籍概述

第一节　文化的源起、分类及特征

"文化"（culture）这一词语具有多种意义。不同人对文化的理解有不同方式，每一种方式都或多或少有助于我们理解某个过程、事件或关系。遇到陌生人时，第一个被问的问题通常是，"你来自哪里？"这主要是想了解这个人长大的地方或者是想知道这个人之前住在什么地方。我们下意识地认为在同一地方长大或生活的人说同样的语言，有很多相同的价值观，用相似的方式交流，换句话说，他们被认为具有相同的文化。有时我们甚至会认为文化是商品或产品，如玩具、食品、电影、视频和音乐，并且可以在国际上自由进出口。这些对"文化"印象式的理解不一而足。

实际上，在我国的古代文献中"文化"两个字是分开出现的。"文"的本来意思为各种颜色交错，"物相杂，故曰文"。如"天文"指自然规律，"人文"指人伦社会规范。"化"的本意是改变、变化之意。《说文解字》将"化"释为"教行也"，即改变人类原始蒙昧状态以及进行各种教化活动。从汉代开始，"文"与"化"连缀出现，"文化"与"武力"相对应，是动词，具有"文治教化"之意。近现代所讲述的文化，则为19世纪末从日文转译过来的。英文单词culture，源于拉丁文动词cultura，含有耕种、居住、加工、留心、照料等多种意思。随着时间的推移，culture含义逐步深化，由对树木、作物等的培育引申为对人类心灵及情操的培养，从人类的生产活动逐渐引向人类的精神领域。19 世纪中叶以来,"文化"一词开始具有现代意义,并且随着人类学、社会学等人文学科的兴起,成了这些学科的重要术语。

一、文化的定义

自从进入近代研究视野,"文化"这一概念在中外学术界不同学科领域曾出现上百种甚至更多的定义。美国描写语言学家爱德华·萨丕尔(Edward Sapir,1921)定义文化为"一个社会的行为和思想"。理查德·本尼迪克特(Richard Benedict,1930)认为,"真正把人们凝聚在一起的是他们的文化、共同的思想和标准"。美国人类文化学家爱德华·霍尔(Edward T. Hall,1959)提出:"文化是人类的媒介。人类生活的方方面面都受到文化的影响和改变。这意味着人的个性、表达方式(包括情感的表现)、思考方式、行为方式、解决问题模式、所居住城市的规划和布局、交通系统的运行和调度,以及经济和行政系统如何组建和运行都受到文化的制约。"人类学家克拉克洪(Clyde Kluckhohn,1965)认为,就文化而言,人类学意味着一个民族的整体生活方式,即个人从他的群体中获得的社会遗产,或者文化可以被看作人类创造的环境的一部分。英国语言学家布朗(H. D. Brown,1978)则这样来看待:"文化是生活在特定地理区域的人们或多或少共同拥有的信念、习惯、生活方式和行为的集合。"

此外,柯恩(R. Kohls,1979)认为,"文化是指特定人群的总体生活方式。它包括一群人想的、说的、做的和制造的一切。"文化学家罗伯逊(I. Robertson,1981)的观点是:"每个社会的文化都是独特的,包含了其他社会所没有的规范和价值观的组合。"荷兰学者吉尔特·霍夫斯塔德(G. Hofstede)在 2001 年提到:"我认为文化是将一个群体或一类人与另一个群体或一类人区分开来的思想上的集体程序。'思想'代表了头、心和手——也就是说,它代表了思考、感觉和行动,以及对信念、态度和技能的影响。"我国人类学家费孝通先生写道:"文化的深处时常并不是在典章制度之中,而是在人们洒扫应对的日常起居之间。一举手,一投足,看似那样自然,不加做作,可是事实上却完全没有任意之处,可说是都受着一套从小潜移默化中得来的价值体系所控制。在什么场合之下,应当怎样举止,文化替我们早就安排好,不必我们临事考虑,犹豫取决的。愈是基本的价值,我们就愈是不假思索。行为是最不经意的,也就是最深入的文化表现。"

文化定义的多元化说明文化确实是一个庞大且不易把握的概念,虽然各有侧重,这些解读和界定都解释了文化的一个或几个层面。

二、文化的分类

由于文化的多样性和复杂性,很难给文化下一个明确清晰的定义,所以对文化的分类也是众说纷纭,不尽相同。从社会层面看,文化也可以理解为满足人类需求的一种特殊方式。所有人都有一定的基本需求,如每个人都需要吃饭和交朋友等。心理学家亚伯拉罕·马斯洛(Abraham Maslow,1908—1970)认为,人都有五种基本需求。

第一,生理需求。这是我们赖以生存的基本需求,包括食物、水、空气、休息、衣服、住所以及一切维持生命所必需的东西,这些需求是第一位的。我们必须满足这些需求,否则我们就会死掉。

第二,安全需求。首先,我们得活下去,然后我们得保证安全。安全需求有两种:身体安全的需求和心理安全的需求,这就是为什么现在各种保险项目越来越受欢迎的原因。

第三,归属感需求。一旦我们活着并且安全了,我们就会尝试去满足我们的社交需求,即与他人在一起并被他人接受的需求,以及属于一个或多个群体的需求,如对陪伴的需要和对爱和情感的需要是普遍的。

第四,尊重需求。这些是对认可、尊重和声誉的需求,包括自尊以及对他人的尊重。努力实现、完成和掌握人与事务,往往是为了获得他人对自己的尊重和关注。

第五,自我实现的需求。人的最高需要是实现自我,充分发挥自己的潜力,成为自己可能成为的人。很少有人能完全满足这种需求,部分原因是我们太忙于满足较低层次的需求。

根据马斯洛的理论,人们按上述的顺序满足这些需求。如果把这些需求从低到高比作金字塔的话,人们在攀登金字塔时总是先翻过第一步才能爬上第二步,通过第二层才能到达第三层,以此类推。尽管人类的基本需求是相同的,但世界各地的人们满足这些需求的方式各不相同。每种文化都为其人群提供了许多满足人类特定需求的选择。

文化的分类在一定程度上也契合人类需求的这几个层次。美国翻译理论家尤金·奈达（Eugene Nida）将文化分为生态文化、物质文化、社会文化、宗教文化和语言文化。英国学者彼得·纽马克（Peter Newmark）则把文化分为生态类、物质文化品、社会文化、组织类、手势与习惯等几类。我国学者陈宏薇将文化分为三类，分别是物质文化、机构文化与精神文化。中外研究者根据不同的标准提出了自己对于文化的分类，既有共时、历时的分类，也有学科视角的分类，这几种分类方式均有可借鉴之处。

另一个形象的类比将文化比为冰山，认为每种不同的文化就像一个独立的巨大冰山，可以分为两部分：水平面以上的文化和水平面以下的文化。水平面以上的文化仅占整体文化的小部分，约十分之一，但它更可见，有形且易于随时间变化，因此更容易被人们注意到。水平面以下的文化是无形的，并且难以随时间变化。它占了整个文化的大部分，约十分之九，但要吸引人们的注意力并不容易。水平面以上的文化部分主要是实物及人们的显现行为，如食物、衣着、节日、面部表情等诸如此类人们的说话习惯和生活方式，也包含文学作品、音乐、舞蹈等艺术的外在表现形式。水平面以下的文化包含信念、价值观、思维模式、规范与态度等，是构成人的行为的主体。尽管看不到水平面以下的部分，但它完全支撑了水线以上的部分，并影响了整个人类的各个方面。

三、文化的特征

文化是连贯的、可习得的、一个特定群体对于生活关切之事均认可的观点，这些观点决定事务的轻重缓急，处理问题恰当的态度，并支配人们的行为。这个定义包含了文化的三个特征及文化的三种作用。

每一种文化，无论是过去的还是现在的，在自身内部都是连贯和完整的。在不同的历史时期，不同的人类群体可能会产生不同的愿景。英国人类学家爱德华·泰勒（Edward Burnett Tylor，1871）认为，文化是"一个特定群体在面对诸如宇宙起源、自然环境的严酷可预测性、社会的本质和人类在事物秩序中的地位等核心问题时所带来的统一和一致的愿景的外在表现"。

文化不是人们与生俱来的，而是后天习得的。这并不是说人们可以客观地谈论自己的文化，而是一个人对自己文化的了解大多储存在潜意识里，只有受到其他不同文化的挑战时才会唤起记忆。因为文化是可以后天习得的,那么它就是可以学会的。这就意味着没有人需要一辈子局限在一种文化中。许多人都学习过不止一种文化,并且在其中游刃有余,必要的时候,他们很容易从一种文化过渡到另一种文化。

文化是一个社会共有的。群体的动力来自共同的观点,这些观点是一种动态的力量。借此团体能够实现社会目标,如保护经济资源不受无良的外部势力的影响。特定文化中的人们共享该文化的符号,最明显的一组符号是语言。文化也共享视觉符号,如公司标志、图标、宗教图像和国旗等。

文化会对重要性进行排序,换句话说,文化传授价值观或优先次序。价值观是态度的基础,同时塑造信念,使我们能够评估对自己重要的东西,或将标准应用于态度和信仰。价值观决定了人们在和另一种文化交流时是对抗还是合作,因而有必要了解在这种文化中起作用的价值观。价值观提供衡量事物价值的标准,它表明了一个相对的层级结构,即价值观就是文化优先权。例如,一种文化可能会高度重视诚实,而不太重视付出最少的努力。优先事项因文化而异,当你了解了人们的优先级,你就可以有信心地预测他们对特定情况的反应。

态度是后天习得的,它是一种倾向,是对相同的物体、情况或想法做出相同的反应。态度是基于价值观对事物的感觉。态度可以改变,尽管改变可能很困难。我们的生活大多是由行动组成的,文化优先级激励着我们在交往中的行为。文化差异通常很快通过行为表现出来,这些行为与态度有关,源于文化中的优先事项。

第二节　典籍定义及其分类

一、典籍的定义

《孟子·告子下》云:"诸侯之地方百里;不百里,不足以守宗庙之典籍。"此处"典籍"指"礼制"。《辞源》和《辞海》中对典籍的定义为"国家重要的法则文献"。

现代学术意义上的典籍范畴包含上自古神话,下至清代学术绵延数千年的重要作品。广义上的典籍没有时间限制，《现代汉语词典》（2015）定义典籍是"记录古代法令、制度的重要文献，泛指古代图书"。黄中习（2008）则认为广义的"中国典籍"是在同一时期产生于中国大地而又有传统装帧形式（刻本、写本、稿本、拓本等）的著作，它不仅涵盖中国人的著作，包括我国少数民族的经典作品，也包括了外国人在中国所写的著作。狭义上来讲，杨自俭（2005）认为"典籍"应界定为"'中国清代末年（19世纪中叶近现代汉语分界处）以前的重要文献和书籍'为宜"。汪榕培（2013）根据《辞海》和《孟子·告子下》以及《尚书》等书目对"典籍"一词的阐释指出，典籍主要有两个义项：一是古代重要文献和书籍，二是法典、制度。"典籍"界定为"中国清代末年1911年以前的重要文献和书籍"。重要文献和书籍是指中国的社会科学、自然科学等各个领域的典籍作品。与广义的典籍定义相比，狭义的典籍定义更具体，更能体现某一时期典籍的特色和特点。此外，一些定义还提到了典籍的分类。结合广义和狭义的定义，典籍指清代（19世纪中叶）以前的古籍，这些古籍具有一定的学术价值，有些代表了当时的传统地域文化。另外，我国是一个多民族国家，在中华民族悠久的历史上，各民族一道创造了灿烂的中华文明，各民族均有自己的典籍作品。

二、典籍的分类

为了便于对卷帙浩繁的典籍进行学习运用，便产生了典籍的分类。我国古代典籍的分类，一般认为源于西汉刘向、刘歆父子奉诏整理点校的国家藏书。他们对汉朝皇室"积如丘山"的典籍进行全面整理，编成《七略》。《七略》的原本已经失传，但我们可以在后来班固所著的《汉书·艺文志》中可见其基本轮廓，只是班固删掉了《七略》中的《辑略》，改为了《六略》。《六略》及其著录的作品包括：《六艺略》（著录了易、诗、书、礼、乐、春秋六种儒家著作）、《诸子略》（著录了儒、道、阴阳、法、名、墨、纵横、杂、农、小说等十家著作）、《诗赋略》（著录了屈原赋之属、陆贾赋之属、孙卿赋之属、杂赋、歌诗五类文学作品）、《兵书略》（著录了兵权谋、兵形势、兵阴阳、兵技巧四类军事文献）、《数术略》（著录了天文、历谱、五行、蓍龟、杂占、刑法六类图书）、《方技略》（著录了医经、经方、房中、神仙四类著作）。《七略》和它所对应的七分法（确切地说是六分法）为我国古籍的分类打下了一个好的基础，在目录学和图书分类学上得到了很高的评价。

到三国至西晋间,西晋荀勖著有《中经新薄》,此书将当时可收集的书籍分为四部,以甲、乙、丙、丁为序,对应经、子、史、集。甲部收录六艺及小学等书;乙部收录古诸子家、近世子家、兵书、兵家、术数;丙部收录史记、旧事、皇览簿、杂事;丁部收录诗赋、汲冢书。这便是"四部"分类法的产生,也开创了四分法。在以后的各个历史时期,七分法与四分法各有改进与变化。唐初修《隋书·经籍志》,正式确立以经、史、子、集命名作为四部类目来概括各部类书籍的四部分类法。此后,四部分类法成为我国古典目录分类法的主流。

明清以后,著录更加繁盛,到清代乾隆年间,乾隆皇帝亲自组织,征集大批名人儒士,历时数十载,进行了我国历史上最大规模的古籍整理工作,编纂成《四库全书》,在书籍分类上仍按经、史、子、集四部分类,部下又分若干类,同时形成了一部重要的目录学著作《四库全书总目》。经部是指古代儒家的思想、伦理书籍。史指各种类型的历史作品,司马迁著《史记》是中国正史的开始,每个朝代几乎都有一部正史。除此之外,史部还收录古史、野史、地方志、时令等书籍。子部包含除儒家外其他诸子百家的学说和著作。春秋时期,百家争鸣,法家、墨家、兵家等都有其学说。另外,宋明理学及之后的考据学也归于子部。集部是诗文集合类书籍,包括散文、骈文、诗歌、剧本、文学评论等。

中国典籍从分类的产生到四部分类法的正式形成是不断发展、不断进步的,越来越有系统,也越来越复杂。随着西学东渐的浪潮,晚清引进了西方近代图书分类法后,加之现代学科建制的确立,美国图书馆专家麦尔威·杜威(Melvil Dewey)的十进分类法(哲学与心理学、宗教、社会科学、语言、自然科学、文学、历史地理与传记等)对我国现代图书分类产生影响。现代图书分类(2011)有五大类:马列著作、哲学、社会科学、自然科学及综合类图书。实际上,"中图法"也适用于典籍的分类。因此,为了对典籍进行有针对性的翻译,将传统分类方法与满足读者阅读习惯的现代分类方法相结合是更好的选择。因为与现代图书分类学相比拟,四部分类有很多不合理的地方,如各部之间没有明显的分类规定,标准不统一,或按书籍内容,或按作者的社会地位等。

另外,基于不同的研究目的,典籍分类还有其他考虑。就学科而言,典籍可分为哲学、历史、宗教、文学、风俗研究、考据学、伦理学、版本考据等;从思想上看,典籍可分为先秦哲学、儒家、道家和佛教思想;就标准而言,典籍可按传统的经史子集分类;从文体来看,典籍可以分为两类:文史典籍和科技典籍,文学典籍包括诗歌、散文、戏剧和小说,科技典籍由数学、天文、生物、物理、化学、地理、农业、医学、技术、法律和军事等部分组成。

当代学者自身受教育于现代学科分类的教育体制下,在讨论典籍诸问题时,分类法始终是分析的对象,既包括现代学科分类也包括中国传统的分类法"七略"和"四部"。如在梳理典籍外译文本时,会有如下表述:就已经翻译出版的典籍而言,数目较多地包括哲学典籍、历史典籍、诗词歌赋典籍、小说典籍、戏剧典籍、中医药典籍六大类。此外,已经外译并出版的典籍还有其他类型,如文论、散文、兵书、地理典籍、科技典籍、农业典籍、百科典籍、法律典籍、艺术典籍等。这几类数量较少。

结合文化和典籍的定义及分类可见,典籍是文化的一部分,是文化产品的一种形态。根据冰山理论的分类,典籍的外在表现形式即文字读物(包括多媒体形式)属于水平面上的文化,而典籍所蕴含的深层意义则属于水平面以下的文化。因而,从跨文化研究的理论和方法视角考察典籍外译,对典籍外译的理论体系构建和翻译实践有很强的引领意义。

第三节　典籍中儒学的文化观

以孔子为代表的儒家文化并不是一种宗教,而是一套实践原则和伦理规则。长期以来,不仅在中国,而且在日本、韩国和亚洲其他地方,儒家的这些观念一直占据着中心地位。孔子的思想主要体现在其弟子及再传弟子对他的记述上。孔子关于文化原则的观点主要记录在以《论语》为代表的儒家典籍中,主要原则包括以下几点。

第一,社会秩序和稳定是建立在人与人之间不平等关系的基础上的。五种基本的人际关系和与之对应的基本社会美德包括:君臣(正义和忠诚)、父子(爱和亲密)、夫妻(主动和服从)、兄弟(友好和尊敬)、朋友(相互忠诚)。每一对关系中地位较高的人必须提供保护和照顾,而地位较低的人则需要尊重和服从。此外,尊重或服从的程度和形式也有不同的规范,这取决于关系是亲密还是疏远。

因而,汉语里有非常细致的亲属语来定位人与人的亲疏远近关系。但英语则不同,如叔叔、伯伯、舅舅、姨父、姑父在英语中只有 uncle 一个对应语,表兄(弟)、堂兄(弟)、表姐(妹)、堂姐(妹)英语也只有 cousin 一词与之对应。这种差异不仅仅是语言上的,从根本上是文化上的差异。对讲英语的民族来说,区分这些亲属称呼语差别并不重要。

第二,家庭是所有社会关系的原型。就像扔进湖中的鹅卵石形成向外扩展的圆环一样,在家庭关系中学习到的美德形成了核心,规定了在不断扩大的社会关系圈中如何与他人互动。同样,调节家庭关系的作用可以扩大到包括整个城镇、组织或国家。

由于家庭是社会的基础,一个人与外部世界的关系就像他与家庭成员的关系一样。即使没有血缘关系或婚姻关系,中国人仍然能够遵循互动者之间的排序规则。基于儒家传统的普遍规则是:如果对方的年龄是自己的两倍以上,就必须像对待父亲一样对待他;如果对方比自己年长 10 岁,就要像对待自己的哥哥一样对待他如果对方比自己年长在 5 岁以内,可以走在他身后并保持一段距离以示尊重。换句话说,无论与谁交流,都必须遵循排序规则。

因此,每个人都不是一个只关注个人利益和自愿成为群体成员的孤立个体,而是像一个适当的家庭成员一样,有义务为群体内成员利益寻求共同利益。这种相互依存"要求一个人隶属于相对较小的、联系紧密的群体,并对这些群体有相对长期的认同"。因此,从童年起,人们就被教育要对群体内成员和群体外成员做出明显的区分。

第三,"己所不欲勿施于人"这条黄金法则,强调对他人的仁慈,但却并不像基督教那样延伸到"爱你的敌人"。相反,儒家的教义只在互惠关系的背景下调用这条规则。在这种关系中,人们对社会义务和责任有共同的期望。这一原则也适用于与他人交往的人的类型。正直、敬业、有学问的人是最值得结交的,而要避免与阿谀奉承、能说善辩的人来往。孔子教导说,一个人必须首先学会对他人的感受敏感并表示同情,然后才能期望获得和谐的关系。因此,当一个人在沟通和人际关系中出现问题时,首先应该审视自己。理想情况下,人们不仅应该学会与他人和谐相处,还应该学会与外界和谐相处。

第四,人们应该掌握技能,接受教育,培养勤劳、节俭、谦虚、耐心和坚持的品质。因为人性本善,所以每个人都有责任以这些行为标准来训练自己的道德品质。

第四节 典籍外译的意义

如何看待时间和空间及其产物,构成我们思维框架的一个维度。一个文化如何感知和使用过去、现在和未来的概念和处于这种文化中的人如何行为有紧密联系。以过去为导向的文化,如英国,非常强调传统,通常被认为是抗拒变化的。在英国,当人们问及君主制时,经常听到这样一句话:"我们一直是这样做的。"中国人有祖先崇拜的传统,对自己的文化几千年来的传承有强烈的自豪感,是另一种以过去指导现在如何生活的文化,正如谚语"温故而知新"所说。美国印第安原住民也重视传统,在面对新情况时,他们从过去寻求指导。菲律宾人和拉丁美洲人是以现在为导向的文化,注重生活在当下。这些文化比其他文化更冲动,更随性,倡导随意、放松的生活方式。第三种取向是以未来为导向,对将来充满信心,这种文化一直在为未来做计划,他们中的许多人迫不及待地完成他们正在做的事情,以便可以转移到其他事情上,着眼于未来往往会导致对延期的容忍度非常低。他们想要什么,现在马上就开始做,这样就可以解决当下的问题,然后继续下一个。

通过文化的维度如何看待时间的比较可知,中国历史文化传统积淀厚重,继承和发扬典籍中独特的文化品格,有利于保持中国文化独立性和民族自觉性,也符合我们的民族文化心理。

在全球化的进程中,不同国家之间的文化交流越来越频繁,不同的思维方式影响着人们的意识形态。促进中华传统文化的传播是一项重要任务,和平、发展、合作是时代的主题。传播中华文化可以提升国家形象,提升文化软实力,使世界人民对中华文化有更深入的了解。恰当的翻译典籍,可以让世界更好地了解中国,树立良好的国家形象。

典籍外译是传播中国传统文化最直接的方式,翻译质量、翻译意识和翻译创新直接影响着中华文化的传播效果。从本质上讲,典籍外译是一种跨文化的信息交流活动。这项活动的开展对中国文化传播、世界各国文化交流、世界多元文化建设都产生了巨大的影响,译者是跨文化传播的实施者。

中国拥有悠久的历史,典籍不仅是古代文明的代表,也是世界文明交流的重要参与者,是全世界人民可以共享的财富。改革开放以来,政府高度重视中国传统典籍的翻译工作。对中国典籍的接受不仅影响着与其他国家的文化交流与合作,也关系到我国的文化软实力建设。在"着眼全球、立足本土"的指导下,我们可以成功地完成典籍翻译的任务。

罗选民(2012)认为,对典籍进行翻译有三个原因:其一,一个国家的力量和魅力取决于其独特的文化,而不是经济;其二,西方学者在阅读中国现代文学时也需要了解中国文化,因为中国现代文学深受典籍影响;其三,典籍是中国思想意识的代表,典籍翻译是向西方人展示中国魅力的一个很好的方式。

赵长江(2014)指出,典籍翻译是中国文化走出国门的最直接途径。翻译质量、翻译意识的变化和创新对中国文化走出去的战略实施以及中国在世界上的形象都有很大的影响。

许钧以《大中华文库》为例,阐明了传播典籍的历史价值。第一,《大中华文库》敏锐地把握世界文化发展的新趋势,顺应潮流。中国精神植根于中国经典。第二,"中国选择"和"中国解读"是构建中国文化价值观的基础。在"中国选择"方面,选择典籍体现了中国的文化价值观,既体现了中华文化精髓,也为世界各国提供了引领。"中国解读"是基于对中国文化精髓的准确理解,保证翻译的准确性。

近年来,中国典籍翻译取得了不少成绩。然而,我们依然面对其中四个主要问题:典籍外译的原因、外译典籍的文本选择、典籍的翻译策略以及典籍翻译的恰当译者。这四个问题是相互关联的。

典籍翻译是新时期不可缺少,由之可以让中国文化将走向世界,让世界人民更多地了解中国传统文化。要实现这一目标,一个重要的任务就是了解翻译作品的接受程度,目标读者是这项任务的对象。因此,本书也考察目标读者对典籍译本的反馈。

翻译的本质是传播,传播模型包括传播者、传播什么信息、通过哪个渠道、传播给谁、产生什么效果。在翻译实践中,这五个要素分别是译者、译文、翻译渠道和方法、翻译接受者和翻译效果。

中华典籍包罗万象,选择合适的文本进行翻译是一项艰巨的任务。

王宏（2015）认为,选择的典籍应符合文化传播,满足目标读者的阅读欲望,避免随意、无意义的重译。他提出了国内外市场、出版商和译者相结合的模式。罗选民认为,典籍的选择有四个原则,即普遍性、共同性、现实性和覆盖面。普遍性原则是指翻译具有普遍意义的典籍,可以在世界范围内传播。共同性原则是翻译中外共同喜爱的典籍。现实性原则是指与现实有关的经典优先。覆盖面原则即所选经典作品应涵盖文学、艺术和宗教等领域。翻译具有代表性的经典著作是必要的。典籍翻译的过程不仅仅是翻译,而是要提高翻译作品的效果。也就是说,典籍翻译的目标是保证翻译出来的作品能被外国读者广泛接受,扩大中国文化的国际影响力,促进多国之间的文化交流和不同文化的融合。

具体来说,在选择典籍时,要考虑到读者意识,必须解决历史文化认同、文化政策、对中国审美取向的文化认同、对外来文化的包容等问题。典籍门类繁杂,所选典籍应反映中国古代的核心价值和思想,民族典籍也包含在内。此外,为了满足国外市场的需求,可以建立文化意识、读者意识和国际市场意识。在选择了具有代表性的典籍之后,选择其母本也很重要。一种典籍往往有多种版本,我们应该选择被大多数人认可的版本。因而,在选择典籍之前,我们最好对西方翻译和引进典籍的接受程度做一个调查,如果所介绍的典籍被广泛接受,就没有必要重复介绍。有些重要的东西还没有介绍,需要介绍一下。对于引入的典籍,如果有错误,必须进行修改。

由此可见,典籍外译既是中华文化自身传承的需要,也是中国文化走向世界的需要。典籍翻译事业"任重而道远",回望过去,我国的典籍对外传播经历了从文化交流需求的产生,到零星的个人推介,又到成规模的海外传播,随着中国国际地位的提升,典籍外译已上升为国家战略主题。在此背景下,我们很有必要建立合理科学的典籍外译理论,与典籍翻译实践同步发展。

第二章 典籍"缺席"的中西早期文化交流

从地理位置上看,中国和欧洲分别位于欧洲和亚洲大陆的两端,尽管是连在一起的一大片陆地,中间却隔着广袤无际的沙漠和逶迤不断的高山。早期,生活在欧亚腹地的游牧民族随着放牧,传递着中国和欧洲的零星消息,游牧民族的口头传说和早期游人的记载,既有真实的一面,又充满着大量离奇的想象,形成了最早中西方关于彼此的印象与认识。

第一节 "大秦国"与"赛里斯"

一、古代中国对欧洲的认识

古代中国称欧洲罗马帝国及周边地区为"大秦",古代文献对大秦国较为详细地记载见于《后汉书·西域传》:"大秦国一名犁鞬,以在海西,亦云海西国。地方数千里,有四百余城。小国役属者数十。以石为城郭。列置邮亭,皆垩塈之。有松柏诸木百草。"此书亦记载了当时罗马的政治、风貌及特产:"其王无有常人,皆简立贤者。国中灾异及风雨不时,辄废而更立,受放者甘黜不怨。其人民皆长大平正,有类中国,故谓之大秦……土多金银奇宝,有夜光璧、明月珠、骇鸡犀、珊瑚、虎魄、琉璃、琅玕、朱丹、青碧。刺金缕绣,织成金缕罽、杂色绫。作黄金涂、火浣市。"另外,其他古籍如《三国志·魏书》中引《魏略·西戎传》及《晋书·四夷传》、佛教史籍《洛阳伽蓝记》等也比较具体地记录了大秦国。

西域都护班超曾派遣部下甘英出使大秦,《后汉书·西域传》记载:"和帝永元九年(97),都护班超遣甘英使大秦,抵条支(原指叙利亚,这里似指美索不达米亚),临大海(大概是波斯湾)欲渡,而安息(帕提亚,即波斯)西界船人谓英曰:'海水广大,往来者逢善风,三月乃得渡;若遇迟风,亦有二岁者。故入海,人皆赍三岁粮。海中善使人思土恋慕,数有死亡者。'英闻之,乃止。"今人对于甘英最远到达的地点有不同说法,"大海"可能是地中海、波斯湾、黑海或里海。

4世纪西罗马帝国灭亡后,东罗马帝国或称拜占庭帝国(Byzantine Empire)继承了地中海的文明传统,在君士坦丁堡建都。在唐宋时期的文献中,称这一时期的东罗马帝国为"拂菻"。这个名称源于希腊语,在传播过程中经历不同民族,发音和书写形式发生变译,最后进入汉语转读为"拂菻"。其最早出现在《隋书》里,《大唐西域记》有"拂菻国"卷。此外,中国文献还有将罗马国称为"蒲林""普岚""伏卢尼"的。唐代旅行家杜环的《经行记》对拂菻国的物产、建筑、民俗等情况有详细记载,惜已失传。在唐代,长安与拂菻之间有频繁的使节和商旅往来。

二、古希腊古罗马对中国的认识

古代外国人对中国的认识绕不开最早记载于波斯古籍的"支尼"和印度古籍中的"支那"。根据季羡林先生的考证,公元前4世纪印度的《治国安邦术》中就有"Cīnapattā"一词。他认为这个词的意义是"中国成捆的丝",所以波斯的"支尼"也好,印度的"支那"也好,都与中国输出到波斯或印度的丝织物有关。它们是中国丝织物之一——"绮"的音译,"支那"也就是生产"绮"的国家。另外,"支那"名称还有其他解释,科学技术史研究者李约瑟(Joseph Needham)、中西交通史学者张星烺等认为"支那"是中国第一个大帝国"秦"的对音,杨宪益先生则认为此词是西汉时的西南民族"羌"的对音。还有学者认为"支那"是中国早期主要的对外销售商品"茶"的对音。无论是"绮"还是"茶"的音译,都反映出外国人对中国的认识始发于以物为媒介的交流。

古希腊、古罗马人称遥远的东方为"赛里斯"(Seres),后来逐渐演变为欧洲对中国的早期称谓。赛里斯与从东方而来的丝织物有密切关系。希腊人认为蚕丝极为神秘,他们并不知道这些华美绚丽的织物是如何生产出来的,只能凭已有知识进行想象,于是,出现了"羊毛树"的传说。1世纪罗马著名的地理学家普林尼(Pline L'Ancie)在《自然史》一书中记载了生产赛里斯的"羊毛树":"赛里斯人以他们森林中所产的羊毛闻名遐迩,他们向树木上喷水而冲刷下树叶上的白色绒毛,然后,他们的妻室再来完成纺线、织布这两道工序。之后,再运至罗马……"这种对丝织物来源于羊毛树的错误生产方式认识一直持续到2世纪。然而,希腊人对产丝的"小虫"已然展开了想象。2世纪中叶,希腊旅行家波桑尼阿斯(Pausanias)在他的《希腊纪行》(又译作《希腊游记》)中也对丝做了记载:"至于赛里斯人制作衣装的那些丝线,并不是从树皮上提取的,而是另有其他来源。在他们国内,生存一种小动物,希腊人称之为'赛儿'(Ser)。……这种微小的动物比最大的甲壳虫还要大两倍。在其他特点方面,则与树上织网的蜘蛛相似,完全如同蜘蛛一样也有八只足。赛里斯人为饲养这些昆虫而建造冬暖夏凉、四季咸宜的房屋,但到了第五年——因为他们知道这些小动物活不了多久了,改用绿芦苇来饲养。它们贪婪地吃着这种芦苇,一直到胀破了肚子。大部分丝线就在尸体内找到。"

希腊罗马上层社会的人穿着这些精美丝织物做成的衣服,他们相信,在遥远的东方一定有生产赛里斯的民族,那就是赛里斯人。Seres也经常被学者们视为或译为"丝国"。希腊人对赛里斯人的描写零星地出现在希腊作品中,充满了传奇色彩,如赛里斯人身材高大且长寿,能够活到200岁甚至300岁,他们"长着红头发,蓝眼睛,说起话来声音刺耳,不轻易与外人交谈"。此外,赛里斯人住在亚洲东部的尽头,"过克里斯国(马来半岛)进入支国,海便到了终点。有都城叫支那,尚在内地,远处北方"。那么,赛里斯人的居住地就是赛里斯国。

赛里斯国究竟身处何方,希腊罗马人只知道它很遥远,在东方的尽头。人们也试图找到通往赛里斯国的通道,公元前1世纪到公元2世纪,地理学家们都曾描述过赛里斯的大体方位,它位于亚洲大陆的最东边或者是亚洲东部海岸的中部。

此时,在希腊人眼里,遥远的东方是一个梦,赛里斯国是文明之国,那里晴空万里,如梦如幻。后来,随着罗马帝国的东征和汉朝开始经营西域,中西两个文明经过中亚地区和阿拉伯世界,或直接或间接地发生了交流。这样,罗马人对遥远中国的认识在幻想中有了实际知识的进展。生活在5世纪末6世纪上半叶拜占庭帝国时期的科斯马斯(Cosmas

Indicopleustes）在其著作《基督教世界风土志》中比较准确地记录了中国这个西方世界向往的"丝绸之国"的地理位置，并明确指出了到达中国的两条道路的特点。不过需要指出的是，科斯马斯对这个"丝国"的称呼并不是之前希腊罗马世界所熟悉的传统的"赛里斯"，而是一个陌生的"秦尼扎"（Tzinitza）："我们看到，有些人为可鄙之利不惮千难万险到大地的尽头去寻找丝绸，我可以提一下，产丝之国位于印度诸邦中最遥远的地方，当人们进入印度洋时，它位于左侧，但远在波斯湾和印度人称为赛勒第巴（Selediba）、希腊人称为塔普罗巴奈（Taprobane）的岛屿以远的地区。这个国家叫秦尼扎（Tzinitza），其左侧为海洋所环绕，正如同巴巴利的右侧被同一海洋所环绕一样。被称为婆罗门的印度哲学家们说，如果从秦尼扎扯一条绳子，经波斯到罗马领土，那么大地恰好被分成两半。他们也许是对的。"对赛里斯和秦尼扎在地理上的误解直到大航海时代才得以解除。

由此可见，赛里斯既指华美的丝织物，也指生产丝织物的民族，即赛里斯人，又指赛里斯人生活生产的地理位置，赛里斯国。

无论是古代中国对"大秦"的认识，还是古代希腊罗马对"赛里斯""秦"等的认识，都反映了人们在认识事物的初级阶段普遍遵循的原则：认识是真实的成分混杂着想象的要素。丝绸作为中西方交流最原始的物证是客观存在的，那必然存在生产这种轻柔绚丽的织物的人，这个民族也势必有其居住地。受限于交通不便，赛里斯人长相如何、赛里斯国又在何处，人们只能借助游人的传说和想象来构建。

第二节　"赛里斯"的形象学视角分析

从古希腊到古罗马，"赛里斯"的意指内涵不断发生改变，其所指和能指最终与遥远的东方中国的丝绸建立起对应关系，成为西方古典文献中的中国形象。

形象学是比较文学的一个重要研究领域，研究特定国家文学作品中异域形象的建构。显然，形象学研究的关键在于异域形象，即"他者"。

他者的形象和自我形象是两个互补的概念,它们同时出现。相对于自我形象,他者形象受到更多的关注,是形象学的主要研究课题。我们先来看形象的概念,汉语中"形"和"象"最初每个字都代表特殊的含义,是分开使用的,合成词"形象"指相貌与形状,现代意义与英语中 image,form,figure 等对应。形象这一概念出现在许多学科中,可分为五类,包括图案,如图画和雕像类;在光学的范畴,形象指镜像和投影;在审美范畴,形象指内在形象和外观;心理学上的形象如梦和记忆;语言范畴的形象指描述和隐喻。形象学领域中的形象属于心理学范畴,本质上是指一种表现方法、思维方法和话语方法,其本质即话语(discourse)。

周宁(2014)认为,形象是"一种具有话语支配权的表述,提供相关话题的基本词汇、意象、修辞策略、思维方式,甚至创造表述的对象本身"。① 显然,形象学领域中的形象不同于小说中塑造的人物形象。虽然都被称为"形象",但有不同的含义。

形象学所研究的形象都有三层含义:第一,这是一个外来的形象;第二,它是一个源自特定国家的形象;第三,它是作者主体性建构的形象,而不是模仿的社会现实,形象是一种话语建构。换句话说,它可能与经验现实没有密切联系。形象的形成是非常复杂的,它与社会、历史、文化背景密切相关,形象的传播也是如此。通过传播,形象就通过特定语境中的话语被建构起来。

由于形象形成的特殊性,对其的研究不能局限于文本。研究应该更多地关注不同时期形象的语境分析,探索影响形象形成的历史文化因素,这也反映了形象的另一个重要特征:互文性。互文性是形象的常见特征。事实上,文本中的各种意象并不是独立建构的。它们是通过互指来构建的,这是形象互文性的有力证据。因此,在对某一特定作品中的异域形象进行形象学分析的过程中,可以将某一特定国家其他材料中的异域意象视为重要的研究基础,而不是异域民族的现实。此外,这些材料并不局限于文学作品,它们也可以是音乐、电影或其他形式的艺术。总之,异域形象不是作者主观想象所简单构建的,异域形象的构建受到历史、文化等各种外部因素的影响,分析起来更加复杂。在形象构建和形象分析的过程中,都要考虑特定国家其他材料中的异域形象。

形象学起源于法国,20世纪80年代后期逐渐在德国等欧洲国家受

---

① 周宁.跨文化形象学[M].上海:复旦大学出版社,2014.

到越来越多的重视。比较文学的主要任务之一是弄清楚不同国家相互观察彼此的方式。他们的感觉可能是欣赏、厌恶、理解或抗拒以及其他一些积极或消极的感觉。虽然当时"形象学"一词还没有提出,但一些学者已经注意到形象研究。他们将游记和报道中的异域形象与现实中的形象进行比较,试图找出偏差及其背后的原因。他们还注意到文学和社会之间的关系,并使用"影响"和"模仿"等词来描述这种关系。因此,在某种程度上,这一时期可以被看作形象学的萌芽阶段。之后,形象学正式诞生,在研究各国文学作品之间的关系时,应注重作家之间的相互理解和不同民族人民的相互看法的人。法国学者将形象研究定义为每个国家、每个旅行故事和每种想象之间的相互解释。

实际上,形象学的应用范围很广。它既适用于文学领域,也适用于非文学领域。在文学领域,形象研究可以集中于一个特定国家的作品,也可以应用于跨国分析。形象学是比较文学的一个重要研究领域,它研究的是某一特定民族作品中其他民族形象的表现形式,从而暴露出民族偏见。因此,有学者认为说形象学的目的在于描绘、揭示和分析民族偏见和民族形象的起源、形成和作用,更重要的是让人们理性地认识到它们的存在,而不是证明形象的真实性。

赛里斯这个形象是主体关注客体的产物,我们称之为"异域形象"。希腊人、罗马人都对这一形象有着持续的描写,但早期中国与欧洲并非直接接触,因而赛里斯形象一部分是真实的,如丝绸的生产和"虫子"相关、赛里斯人形象有丝绸贸易时中亚人的影子、赛里斯国在遥远的东方等,而其余部分则是传说加想象,如羊毛树的传说、赛里斯人寿命超 200 岁等。形象塑造中的互文性则体现在古代中国对罗马"大秦"的形象塑造和古罗马对中国"赛里斯"形象构建是同时出现的。

第三节 《马可·波罗游记》及其影响

从公元 7 至 11 世纪,东西方之间的贸易由阿拉伯人垄断,经他们之手,中国丝绸不断运到西方。中国古代的四大发明也是经过阿拉伯人之手逐渐传到西方。不过直到这时,欧洲人对东方包括中国以及亚洲其他国家的了解还是非常有限。

一、《马可·波罗游记》产生的历史背景

13世纪初期,蒙古民族在首领铁木真及其后代子孙们的领导下冲出高原,掀起强劲的扩张浪潮,西征南讨,迅速建立起横跨欧亚大陆的蒙古帝国。范围从中国的东海之滨到地中海东岸,从俄罗斯南部的平原到红海海口。为加强控制和军事保护,在其统治的两百年间,元国大规模修筑通往元大都的许多道路,并设置诸多驿站与商路,同时派兵保护和维持交通秩序,为东西方之间的交往提供了便利。据记载,这些商路开通后,东西方之间的商人往来比过去大大增加。在此期间,罗马教皇也曾派特使到元国,试图向中国传播基督教,同时又把中国的造纸术、印刷术等传播到西欧各地,促进了东西方文化的直接交流。

在这个大旅行的时代,欧洲和东方之间的交流主要通过商人、传教士和旅行者的信件和游记。欧洲人正是从这些游记和信件中,对赛里斯国及赛里斯人的认识从朦胧中走向现实,一个神奇遥远的中国真实地呈现在他们的面前。

彼时在地中海区域,"十字军"第四次东征(1202—1204)以后,地中海东部的航运和贸易受意大利的威尼斯城控制。从空间上看,威尼斯的势力范围和元帝国就连接起来,这种形势客观上为欧洲人尤其是意大利人来东方提供了便利,加上家庭条件及个人努力,马可·波罗得以实现漫游世界的目的。

二、马可·波罗

马可·波罗(Marco Polo,1254—1324)出身于商人家庭,他的父亲和叔父都是威尼斯的富商大贾。兄弟二人在元帝国的钦察汗国经商,因发生战争,决定回国。马可·波罗回国途中偶遇元世祖忽必烈的使臣,于是便随着使臣到元大都拜见了忽必烈。忽必烈托付他们为元朝派往罗马教廷的特使。1271年,马可·波罗跟随带着罗马教廷回信的父亲和叔父踏上了重回元朝的路途。他们一路上跋山涉水,穿越叙利亚和伊朗,经过中亚的沙漠地带,翻过帕米尔高原,经过喀什、敦煌及宁夏一带,终于在 1275 年到达元大都。之后在中国居住了 17 年,一家三口均在元朝供职。

后来,马可·波罗一家护送出嫁的蒙古公主到波斯,然后便返回欧洲,回到故乡。当时威尼斯和热那亚这两个意大利城邦常常为了商业利益而发生战争。在 1296 年的海战中,马可·波罗作为战俘被投入狱中。他和狱中的来自比萨的小说家鲁斯梯切诺(Rusticiano)很快成为朋友。见闻广博的马可·波罗的故事一下子吸引了这位作家,两人都感到相见恨晚。于是一个讲一个写,一部轰动世界的东方游记很快就完成了,小说家精通法语,游记就用当时欧洲比较通行的法文记录下来(关于游记最初用什么文字记录的,由于原稿和根据原稿抄录本都已失传,各家看法不一,有用拉丁文、意大利土语、法语等几种观点),这便是著名的《马可·波罗游记》。在中世纪关于东方的游记中,没有任何一本游记的影响能和马可·波罗的游记相提并论,这位因介绍东方而致富的意大利人,从此成为西方人人知晓的名人。

三、《马可·波罗游记》的主要内容及影响

《马可·波罗游记》共分四卷,第一卷记述了马可·波罗一行人东游沿途经过的国家和地区,以及这些地方的风土人情。第二卷记载了元世祖忽必烈及他的宫廷、都城、如何管理朝廷等事,还记录了大都以南几个城市如杭州、福州及泉州的繁华盛况。第三卷介绍了中国相邻的一些国家和地区,如日本、越南、印度及印度洋沿岸一些国家和地区,此外还提及非洲东部地区。第四卷讲述了成吉思汗后裔之间的战争以及俄罗斯的概况。这些叙述综合起来包括山川地貌、物产气候、宗教信仰、风俗习惯以及国家的趣闻轶事等。

《马可·波罗游记》是第一部全面深入介绍中国的游记,是西方认识中国进程中的代表性著作。同与其产生前后的游记相比,在对中国的介绍上,《马可·波罗游记》有十分明显和突出的两个特点。

第一,该书详尽地介绍了元朝,详细记载了元代的政治斗争、军事体制、政治制度、元朝的经济和元大都以及大汗的生活,还有元朝普通民众的生活。

第二,该书较为全面地记述了整个中国及周边国家,其中包括对中国众多城市、宗教信仰、科学技术及风俗文化的介绍。

《马可·波罗游记》无疑是西方世界研究东方最重要的历史文献，是中世纪西方对中国认识的顶峰，西方人对中国更进一步的认识则是在400年以后。

《马可·波罗游记》的传播和接受，首先，拓宽了欧洲人的世界观念，欧洲以往那种地中海的世界观念被突破，罗马不再是世界的中心。其次，它激发了欧洲的世俗观念，马可·波罗的时代正是欧洲文艺复兴的前夜，人们开始追求世俗人生的乐趣。意大利人哥伦布是《马可·波罗游记》的最热心读者之一，哥伦布小时候读了《马可·波罗游记》后，非常仰慕中国、印度的文明富足，特别是对书中所载日本盛产黄金，更是向往不已。哥伦布因而立志一定要到东方去，之后他刻苦学习天文、数学、历史、地理、哲学以及其他科学，练习航海术，以便旅行东方之用。之后终于在西班牙国王的资助下，他驾驶着三桅帆船驶向大西洋，开启了地理大发现。

早期的中西交流主要停留在器物层面。元代民间航海家汪大渊《岛夷志略》记载，当时丝绸出口到东南亚及印度，远至欧洲和非洲各地，达50多个国家和地区。这一阶段，欧洲正值艰难走出中世纪的时刻，中国的指南针、造纸术、火药和活字印刷西传也对欧洲这一进程给出了助力。关于这点，马克思曾做过精辟概括："火药、指南针、印刷术是预告资产阶级社会到来的三项伟大发明。火药把骑士阶层炸得粉碎，指南针打开了世界市场并建立了殖民地，而印刷术则变成新教的工具，并且总体来说变成了科学复兴的手段，变成对精神发展创造必要前提的最强大的杠杆。"

早期中西交流也有宗教的痕迹，公元6、7世纪，在西北一带流传的基督教的一个教派随着丝绸之路来到了中国。作为开放的唐朝，聂斯脱里教教徒的活动也得到了当时唐皇帝的支持，他们还建立了教堂。根据大秦景教碑的记载，聂斯脱里教（景教）其实并未在中国老百姓当中传播，基本上是在唐朝生活的叙利亚人的信仰。

元朝时，中国出现了也里可温教。"也里可温"是蒙古语中对基督教徒的称呼。当时蒙古强势西征给欧洲带来了很大压力，罗马教廷希望通过传播天主来教化蒙古人。就这样，意大利人柏朗嘉宾（Jean de Plano Carpin，1182—1252）作为一个宗教使者来到中国。继柏朗嘉宾之后，法国国王路易九世也派遣天主教徒罗伯鲁（W. Rubrouck）来到中国。

　　从"丝国"和"大秦"的传说带来的种种遐想,到丝绸之路上驮着丝绸和瓷器的驼铃不绝于耳,中西间的交流从彼此神往到现实中的相遇,然而在这双向交流中,彼此都未感受到对方文化的影响。如上所述,宗教的影响也很微弱。往返于东西方的商人、游人及来访者既未将欧洲的古典文化介绍给中国,对中国的记述里也几乎不曾提及中国的学说与思想。可以说,早期的中西交流主要停留在器物层面,风靡欧洲的《马可·波罗游记》也很少提及中国的思想文化,代表中国思想集大成者的各类典籍当然也不在其列。

第三章 16—18 世纪传教士外译中国典籍

在人类交流早期，把欧洲和亚洲联系起来的是丝绸之路这条陆地大通道，它沟通了东方和西方世界。15 世纪中期，随着东罗马帝国（拜占庭帝国）的灭亡，连接欧亚两洲的主要陆上贸易路线中断。在追逐东方财富动力的驱动下，以葡萄牙和西班牙为代表的欧洲冒险家和航海者开启了大航海时代。此后东西方不同文明交往日益加强，打破了"原始的、闭塞的、各个分散的人群集体的历史"。人类的空间活动范围和认知外在世界视域由于对世界地理的探索取得突破性进展而大大拓宽，中西交流交往进入一个更多方面实际接触的新时期，超越古代丝绸之路上的以物易物。

第一节 地理大发现背景下传教士入华

一、地理大发现

14—15 世纪，随着元帝国的衰落和东罗马帝国的灭亡，欧亚大陆被不同的国家分别控制，陆上交通也变得不通畅。丝绸之路上的贸易越来越艰难。同时，欧洲封建领主制正在走下坡路，逐渐衰败，资本主义萌芽的产生使得欧洲人更希望去海外寻求发展机遇，加之近代科学的发展，人们普遍认为地球是圆的，日心说也得到广泛传播，西方人通过《马可·波罗游记》对东方国家有了更进一步的认知，游记中描写的东方遍地黄金、丝绸更刺激了他们的欲望,也促使欧洲寻找一条通往东方的新航路。

最早派出探险队到海外探险的是西班牙和葡萄牙。意大利人哥伦布(Christopher Columbus,1451—1506)自幼喜欢航海,是马可·波罗的崇拜者。"遍地黄金"的契丹不仅吸引着哥伦布,当时的西班牙国王也渴望遥远的财富。于是,西班牙国王派遣和资助哥伦布进行海外探险。他认为既然地球是圆的,如果不断地向西走,总有一天能走到东方的契丹国。所以,哥伦布就一直向西,经过30多天航行,终于见到了陆地,发现了现在的美洲大陆,当时他还以为自己到达的是契丹。航行结束后,哥伦布宣布,他已经找到了契丹。对欧洲人来说,这真是一个石破天惊的消息,哥伦布一时间声名远扬。

哥伦布率领西班牙船队发现新陆地的消息对葡萄牙刺激很大,于是葡萄牙国王派达·伽马(Wasikeda Gama,1469—1524)率船队远航。葡萄牙探险队通过非洲,绕过好望角,进入印度洋。1511年,葡萄牙人占领印度洋西端的马六甲,进而来到南亚、中亚,到达中国。

西班牙人也不甘落后,当他们发现从美洲获得的利益远不如葡萄牙在印度的获利丰厚后,又资助麦哲伦(Ferdinand Magellan,1480—1521)环球航行。麦哲伦的船队真正地完成了环球旅行。遗憾的是,麦哲伦本人并没有回到欧洲,而是死于菲律宾的部落冲突。

频繁的航海大发现,不断地激发欧洲人向外航行的野心,原来在大西洋之外,还有更大更广阔的太平洋,欧洲大陆之外,遥远的东方也近在眼前,还有非洲大陆与美洲大陆等。15世纪末到16世纪初这50年,世界地图的轮廓在此期间初步形成,现代地理学概念诸如世界上有几个海洋几块陆地逐渐确定,哥白尼的日心说也通过欧洲这些海外探险得到了印证,从欧洲开始的环球航行和到达东方的航线均得以开辟。

航海业的进步、地理大发现以及关于地球知识的增长使世界上各大洲之间的经济文化交流成为可能,开始形成以地中海、黑海及波罗的海为中心,以大西洋、印度洋、太平洋间的航海活动为主要载体的世界贸易市场。新航旅开辟后,欧洲的主要国家开始对亚非拉美各地区进行掠夺,获得大量财富,完成了资本的原始积累,欧洲封建主走向破产,资本主义制度产生。

在大航海背景之下,1510年葡萄牙在印度半岛中部东海岸的果阿建立了东方基地,设立葡萄牙总督。这一时期欧洲人在印度的贸易主要是获取香料,而印度的很多资源都是马六甲的商人运来的。马六甲有很多华侨在南亚和中国之间从事商品的互通有无,于是,印度总督就率领几个团队来攻占马六甲。马六甲的面积很小,很快就成为更靠近中国的一个殖民地站点。在此之后,葡萄牙人曾经在广州海岸徘徊,试图寻求登陆的机会进入中国内地。他们甚至还到了浙江和福建沿海地区,但是几次尝试都失败了,与清政府反复较量三四十年后,最后选择了澳门作为进入中国的落脚点,普遍的观点是葡萄牙人以晾晒货物为借口登陆澳门。至此,一个高度发达的中国文明呈现在他们面前。

二、传教士入华

现代犹太人的祖先希伯来人在公元前两千年左右创立了犹太教,以《旧约全书》为教义,发展到公元1世纪的时候,基督教从犹太教分化出来,以《新约全书》为教义。在11世纪时,基督教内部分为东西两派,以罗马为中心的一派成为罗马公教,又称作罗马圣公教;以君士坦丁堡为中心的另一派成为东正教,东正教主要分布在东欧地区。16世纪资本主义势力的兴起迫切需要推出新的宗教,于是罗马公教在内部进行了宗教改革,产生了新教,即基督教新教。在汉语语境里,由于翻译习惯和历史沿革,"基督教"一词有广义与狭义之分:广义是指信奉耶稣基督为救世主的各教派的统称,狭义上我们通常把16世纪宗教改革之后的新教称为基督教,把基督教之前的圣公教或东正教称为天主教(其实东正教并没有传入中国,传来的只是罗马圣公教)。对1840年之后传来的新教,我们一般称它为基督教。

天主教内部有很多修会,如本笃会、耶稣会、思定会、方济会(也译作方济各会或法兰西斯会)、多明我会(也译作道明会)等。修会是由献身教会的修士、修女组成的修道团体,各修会的工作和服务方式或对象虽有不同,但共有同一信仰。

随着封建领主制的瓦解和资本主义的兴起,新的经济政治力量催生了宗教改革运动,传统的天主教领地在欧洲逐渐受到削弱和缩减,所以他们就需要到非天主教的国家去发展新教徒,这也是传教士不远万里冒着生命危险、冒着文化差异带来的种种冲突来到东方的原因之一。最早来华的是葡萄牙保教权下的耶稣会传教士,但过程都很不顺利。西班牙耶稣会传教士圣方济各·沙勿略(S. Franciscus Xaverius,1506—1552)

首先在马六甲和日本传教,期间他了解到中国的知识、风俗和习惯。不久,他就从日本来到澳门,寻找进入中国大陆的机会。1552 年,他到达中国广州附近的一个小岛上,但中国的大门始终没有向他敞开,沙勿略同年病逝在岛上。

沙勿略虽失败但坚持不懈的精神启发了他的后来者,他们以进入中国弘扬"圣教"为己任。之后耶稣会在东方传教的负责人范礼安(Alexandre Valignani,1538—1606)制定了在中国传教一定要适应中国文化的"适应路线",实施这一路线的分别是意大利耶稣会士罗明坚(Michel Ruggieri,1543—1607)和利玛窦(Matteo Ricci,1552—1610)。在传教和贸易的双重利益驱动下,方济会、多明我会、奥斯丁会等修会也相继派传教士东来。他们先抵达马尼拉或马六甲,再寻找进入中国的机会。

大航海时代以来,探险家、商人和传教士纷纷来华,他们在日记、游记和书信中描述中国的富饶,这些丰富的资源为欧洲人提供了一个了解中国的窗口,西方对中国,特别是中国的文化、思想和政治制度有了更多的了解,从而形成了以耶稣会士为代表的中国观。这曾在较长时间内是西方对中国的主流认知。

第二节　文化交流观照下的利玛窦评价

对来华耶稣会传教士而言,他们的梦想和信仰就是让中国人皈依天主教。为了实现这一梦想,他们学习中国的语言、意识形态和文化,试图调和天主教信条和儒家思想。利玛窦是大航海时代来中国众多传教士中最著名、最典型的代表之一。

一、利玛窦简介

利玛窦 1552 年生于意大利中部马塞拉塔市,曾在日耳曼大学学习法律,1571 年在罗马加入耶稣会,继续在耶稣会主办的罗马学院学习哲学和神学,并师从著名数学家克拉维乌斯学习天算。1577年,利玛窦参加了耶稣会派往印度传教的教团,1582年随范礼安来华传教,他们先在澳门接受语言训练,同时不断派人到当时南方的政治、经济及文化中心,也是两广(广东、广西两省)总督府所在地肇庆沟通,进行调查并试探开展传教的可能性,终于获得总督的批准。1583年9月,在罗明坚带领下,利玛窦等人取水道沿西江而上,进入肇庆。

利玛窦初到肇庆,为了获得当地人的好感与认同,他先介绍西方自然科学如数学、地理、天文等方面的知识,引起了人们尤其是学者甚至政府官员的好奇,取得了结交中国人的机会,为他立足传教创造了条件。此外,他还在教堂的接待室里,摆上西方制造的时钟,成功引得中国人的关注。尽管利玛窦在肇庆的传教遇到了各种困难,但是也有很大进展,他先后接收了80多个中国弟子,还在肇庆建立了明末第一个天主教堂。后来,由于当地官员的变动,利玛窦及其追随者受到驱赶,遂又前往南昌、南京、北京等地传教。在北京利玛窦得到万历皇帝的同意居住北京,成为京城的一位重要名人,1610年在北京去世。

利玛窦在传教中,通过与中国人尤其是中国文人的交往,加深了对中国文化的理解,他逐步认识到在中国的儒家、佛家、道家三者之中,儒家思想的影响最为深刻与深远。他逐渐感到只是认同佛教,自称“西僧”远远不够,只有顺应儒家思想,才能同时取得政府和百姓的理解与支持;另外,“儒士”在中国有很高的地位,如果没有士大夫的支持,耶稣传教士就不可能在中国立足与传教。于是,利玛窦脱掉僧衣改穿儒服,改自己“西僧”之名为“西儒”,从认同佛教转向对儒家学说的尊重,并且“以儒为荣”。利玛窦花费了很大的精力与时间潜心研读儒家经典,企图从这些经典中寻找儒家思想与基督教教义的切入点,试图寻找用儒家思想来论证基督教教义合理的可能性。在《利玛窦中国札记》中,他对孔子进行了积极评价:“中国哲学家中最有名的是孔子。这位博学的伟大人物,诞生于基督纪元前551年,享年70余岁。他既以著作和授徒,又以自己的身教来激励他的人民追求道德……”因此,中国有学问的人非常尊敬他,孔子是“中国的圣哲之师”。有学者认为,利玛窦早在1593年,曾将“四书”译为拉丁文寄回意大利。

二、文化交流视角下的利玛窦评价

利玛窦是一位传教士,他是天主教在中国传教的奠基者。如果把眼界再放宽一些,我们更应该把他看作双边交流的使者。

第一,随着传教,利玛窦带来了西方的世俗文化,既有物理、化学等科学知识,也有地图、钟表、西方乐器等器物,尽管利玛窦带来这些知识与物件的初衷是为了传教。

第二,利玛窦传教奉行的是"适应主义",即主动学习汉语,接近中国文化,和中国士大夫交往。这条路线不仅有利于宗教传播,对中西文化沟通也有用。兼容性和适用性是评价外来文化能不能影响本土文化很重要的两个考察点,在这两点上,利玛窦的做法表现得很成功。他对入教的中国人持宽容态度,如中国人入了天主教之后并不妨碍其世俗生活,可以祭祖、祭孔等。他认为祭祖体现了中国人对祖先的怀念,祭孔则表现了中国人崇尚文化、尊重老师的美德。

第三,利玛窦发现中国是一个等级森严的社会,在这样的国家推行一种新的文化就必须走上层路线。所以,利玛窦在中国的传教是一路向北,最后进入北京,他是第一个到北京的传教士,去世后还获得一块埋葬的墓地。

第四,有了一定的语言功底后,利玛窦开始尝试用汉语写作,著书立作,曾写作《交友论》,并与中国文人合译不少科学著作如《几何原本》等,这些都促进了中西文化交流。

虽然,利玛窦创立的"利玛窦规矩"被耶稣会的继任者推翻,认为利玛窦的做法有辱天主教尊严,要传播原汁原味的天主教,就不能兼容其他文化,但是,从文化交流的角度看,利玛窦在对待中国文化时以尊重为前提,互相理解,以理性策略为原则进行文化沟通,在世俗世界与异质文化相遇时有一定的借鉴意义。

第三节　传教士与典籍西传

大航海时代来华传教士是一个相当庞杂的群体,他们来自不同的修会,如耶稣会、方济各会、多明我会、圣奥古斯丁会等,又分属于欧洲大陆不同的国家和地区,如法国、西班牙、葡萄牙、德国、意大利等。传教士群体所表现出来的这种多样性使他们对某些共同关心的问题产生不同的看法,甚至分化成不同的派别,相互攻击,著名的"礼仪之争"便是明证。但是,传教士寄往欧洲的报告、信件和日记,是了解中国的权威资源。而且,传教士不断了解中国的意识形态和文化,并试图将中国文化与基督教教义结合起来,以证明在中国传教是有潜力的、有意义的。通过传教士的介绍与传播,以耶稣会士为代表的中国观渐渐形成了那个时代欧洲主流的中国观,即对中国思想、文化和政治制度的欣赏态度。

一、传教士的中国印象

法国耶稣会传教士李明(Louis Le Comte,1655—1728),1687 年来到中国,并详细介绍了中国的气候、地质、产品、建筑、医学、植物、动物、语言、文字、风俗和宗教等。他在中国 7 年的生活经历,为欧洲人看世界提供了第一手资料。他的书信集《中国近况新志》(《中国近事报道》或《中国现状新志》),于 1696 年在巴黎出版。他在书中谈到了中国的道德,并阐明了他对孔子和儒家思想的态度。他在给兰斯大主教(the Archbishop of Rheims)的信中写道:"通过对孔子哲学的这一概括,我的大人,您可以判断,这个道理是不分时代和地点的。"他认为孔子不仅是中国的圣人,也是欧洲的圣人。他认为孔子是中国文学的主要光荣。他说孔子从未当过皇帝,但在他的一生中统治过中国的大部分领土。李明称赞孔子的箴言,他光辉的榜样形象和他在国家治理中的地位是任何人都无法超越的,即使在他死后,孔子仍然是贵族中的楷模。李明在他的书中介绍说,所有中国人从上到下都尊孔子为圣人,并鼓励后人尊敬他,中国的皇帝在不同的地方修建寺庙,让学者们表达他们的政治敬意。人们对孔子的尊敬并不是一种宗教上的尊敬,以孔子命名的寺庙并不是真正的寺庙,而是学者们聚集的地方。李明意识到孔子的重要性,以及孔子思想在文学、哲学和现实社会等领域的重要性。他认为,中国几千年来一直保持着他们的真正信仰,虽然没有基督教信仰,却忠实地坚守着最纯洁的道德原则,但相比之下,欧洲等地却有那么多错误。他甚至认为,中国人对"天"的崇拜,可以作为基督徒的榜样。不幸的是,在西方基督教世界,任何不同于基督教文化的声音都是不被允许的。李明的话引起了欧洲的焦虑,他的书被认为是亵渎和异端的,震惊了统治全世界的西方基督教信仰,使欧洲人意识到他们并不是世界上唯一的文明人,直接影响了欧洲中心主义。更因后来的"礼仪之争",他的书被禁止了大约三个世纪。

法国耶稣会士杜赫德(Jean-Baptiste Du Halde,1674—1743)是另一个非常值得一提的重要人物,虽然他终身未曾到过中国,但整理了东来耶稣会士寄回的日记和信件,出版了详实介绍中国历史、文化、风土人情的著作《中国全志》。该书的全名为《中国及其所属鞑靼地区的地理、历史、编年纪、政治及博物》(*Geographical*, *historical*, *chronological and politic Description of the Empire of China and Chinese Tartarus*)。杜赫德的著作共四卷,是耶稣会中国学术研究中规模最大、影响也深远的书籍。他对中国持极其积极的态度,几乎赞扬了中国人和中国社会的方方面面。他认为中国治理得非常好,可以看到政府的力量。他认为中国极其繁荣,是世界上最富有成果的国家之一,也是世界上面积最大、最美丽的国家之一。在杜赫德看来,中国人的生活是快乐的、温和的、平和的。

通过传教士的介绍,中国的形象逐渐清晰起来,中国的地理、伦理、历史、文化、政治制度和科学技术都变得更加突出。

二、传教士译典籍的发端

作为文化交流的传播者和桥梁,传教士在将西方先进的科学文化传入中国的同时,又把我国的经籍、文化以及政治制度介绍到西方世界,西方人开始了解并研究中国,并对欧洲各方面产生了很大影响。

　　据徐宗泽编撰的《明清间耶稣会士译著提要》可知,当时耶稣会士翻译的中国古代文化著作的范围很广,包括儒家经典《诗经》,"四书"(《大学》《中庸》《论语》《孟子》),孔子传略、刘向的《列女传》,《历代名贤传》,孙吴兵法,朱熹的《劝学篇》《通鉴纲目》等。此处以"四书""五经"的翻译为例。

　　历史学家、我国台湾大学教授方豪在《十七、八世纪来华西人对我国经籍之研究》一文中指出利玛窦深通我国经书,早在 1593 年就将"四书"译为拉丁文寄回意大利。一般认为,利玛窦的"四书"拉丁文译本是儒家经典最早的西方译本,可惜没有出版,原译本亦亡佚。此后意大利耶稣会士殷铎泽(Prospero Intorcetta,1625—1696)、葡萄牙耶稣会士郭纳爵(Ignatius da Costa,1599—1666)合译《大学》为拉丁文,名曰《中国之智慧》,1662 年刊刻于江西建昌,合译《中庸》为拉丁文,书名《中国之政治道德学》,1667 年与 1669 年,分刻于广州和印度果阿,并于 1672 年重版于巴黎。书末附法文和拉丁文《孔子传》,内有殷铎泽写的一篇短序、54 页的《中庸》拉丁译文、8 页的孔子传记。两人又译《论语》等。1681 年,比利时耶稣会士柏应理(philippe Couplet,1623—1692)回欧洲时,一次即带回中文书籍 400 余册。在其他传教士的协助下,柏应理于 1687 年在巴黎出版拉丁文《中国之哲学家孔子》,中文标题为《西文四书直解》,书中有中国经籍导论、孔子传和《大学》《中庸》《论语》的拉丁译文,但缺少《孟子》,故只能认为是"三书直解"。此书包括四个部分:第一部分是柏应理写给法国国王路易十四的献辞;第二部分是导言,论"四书""五经"的历史、要义、宋明理学等,历朝历代对"四书""五经"的重要注疏,佛学和儒学之间的区别,《易经》六十四卦和卦图之意义;第三部分是《孔子传记》,开卷即是孔子的全身像,为殷铎泽所著;第四部分为《大学》《中庸》和《论语》的译文,三书皆附注疏,其中,《大学》由郭纳爵所译,《中庸》由殷铎泽译一部分,其他人翻译一部分,《论语》为殷铎泽所译。1688 年至 1689 年,法国出版了柏应理的《中国哲学家孔子》的两个法文节译本《孔子的道德》和《孔子与中国道德》;1691 年,英国出版英文节译本《孔子的道德》,英法译本的出版为扩大阅读面提供了前提,使更多的欧洲人了解中国文化。"四书"的全译本是比利时耶稣会士卫方济(Franciscus Noël,1651—1729)以《中国哲学家孔子》为基础,将《大学》《中庸》《论语》《孟子》《孝经》《三字经》译为拉丁文,在布拉格大学出版,书名为《中国六大经典》。卫方济不但翻译文本,而且选译历代注疏,非常详备。由于中国书籍传入欧洲,很快引起欧洲学术界研究中国的兴趣,而从中国返回西欧的耶稣会士,便成为第一批著名的汉学家。

对"五经"展开研究最早的西方人是利玛窦,他在《天主实义》提到最多的是中国思想家,但他没有翻译过"五经"。第一个将"五经"译为拉丁语的是法国耶稣会士金尼阁(Nicolas Trigaut, 1577—1628),他在 1626 年于杭州刊印了拉丁文《中国五经》一册,并附注解,名为《中国第一部神圣之书》,成为最早在中国本土刊印的中国经籍翻译本。"五经"中最早受到注意的是《易经》和《尚书》,意大利耶稣会士卫匡国(Martin Martini, 1614—1661)1658 年在慕尼黑出版了拉丁文《中国历史初编十卷》,介绍了《易经》。葡萄牙耶稣会士曾德昭(Alvare de Semedo, 1585—1658)于 1645 年在巴黎出版的法文版《大中国志》里叙述中国早期文化发展时,也介绍了《易经》,他还注意到中国的"四书""五经"对中国科举考试的核心内容和重要影响。此外,先后有法国耶稣会士白晋(Joachim Bouvet, 1656—1730)、法国耶稣会士刘应(Claude de Visdelou, 1656—1737)、法国耶稣会士马若瑟(Joseph de Prémare, 1666—1735)和法国耶稣会士雷孝思(Jean-Baptisde Régis, 1664—1738)对"五经"进行翻译和研究。1710 年,白晋因从事天文、历算而研究《易经》,康熙特地从江西征调法国耶稣会士傅圣泽(Jean Francois Foucquet, 1663—1739)协助白晋研究《易经》,前后 6 年。白晋曾用拉丁文著《易经要旨》。

自然科学也大量传入欧洲。欧洲伟大的科学家达尔文曾从耶稣传教士传去的中国文化中吸取了丰富的营养,在他的著作中曾提到一部"上一世纪耶稣会出版的那部主要是辑自中国古代百科全书的伟大著作"。达尔文看到过传教士卜弥格(Michel Boym, 1612—1659)于 1655 年出版的《中国植物志》以及《中国医学及脉经》等,他的著作中提到中国的科学成就和动植物学内容达百处之多。李时珍的《本草纲目》1596 年在南京出版后,到 17、18 世纪传到了欧洲,先后有德文、法文、英文、拉丁文、俄文的译本和节译本。达尔文在《人类的由来》一书中曾经引用《本草纲目》中关于金鱼颜色形成的史料来说明动物的人工选择。

综上所述,当中国与西方世界首次在空间中真实相遇时,是欧洲的传教士主要承担了文化传播的使命,同时代的中国人很少主动去欧洲传播中国文化,其中缘由主要有以下几个方面。

一是由于明朝和清朝推行海禁政策,中国对外交往没有通畅的渠道;

二是缺乏主动和外界交往的动力,中国疆域辽阔、经济繁荣,强烈的优越感使统治者和知识分子认为自己仍是世界的中心,就算和外界来往,也得是朝贡式的模式;

此外,"不远游"思想根深蒂固,儒生们研读典籍的目的是"修身、齐家",最终"治国、平天下",而"平天下"只局限在一个国家的范围之内。

第四节 欧洲的"中国风"

欧洲的"中国风"（Chinoiserie）指的是在西方艺术、家具和建筑中使用中国艺术风格的趋势,大约始于1650年,结束于1750年左右。这一时期涵盖了清代历史上康熙、雍正、乾隆三朝,当时清朝国力强盛,对外开放程度高,与欧洲的贸易往来频繁。瓷器、丝绸制品、漆器等名贵商品源源不断地出口到欧洲,吸引了欧洲人的兴趣、好奇和赞叹。从17世纪中期到18世纪中期,形成了一种使用中国器物、穿中国衣服、遵循中国习俗的时尚。从皇室到普通家庭,整个欧洲社会都认为中国元素是一种时尚。例如,中国瓷器精美绝伦,受到狂热追捧,在路易十四的凡尔赛宫,英国汉普顿宫(前英国皇室官邸)和普鲁士腓特烈国王都有瓷器厅堂,乃至普通家庭都用瓷器装饰。此外,中国的家居家具在欧洲家庭中也很受欢迎,坐中国轿子的习俗也传到了德国的偏远地区。具有中国特色的服装受到了贵族女性的青睐,她们喜欢中国丝绸、手帕和带有中国图案的斗篷,甚至连名片都是丝绸做的。带有中国元素的面纱、挂毯和窗帘逐渐进入欧洲家庭,喝茶成为英国上层人士的新宠。建筑也模仿了中国风格的格子窗、飞檐、阳台和亭子。所有这些都是中国风的缩影,曾风靡欧洲整整一个世纪。这场中西文化交流热潮是全方位的,既包括物质领域,又包括思想文化领域。其中,又尤以思想文化领域的互动交流更为突出。

一、洛可可风格

在这样的氛围下,中国文化对欧洲社会产生了潜移默化的影响,也迎来了洛可可(Rococo)时期,一个不同于传统欧洲社会习俗的特殊时代。洛可可的风格与崇尚简约、含蓄、修长、优雅的中国艺术非常相似。洛可可"喜欢淡色调,没有清晰定义的渐变。在这种微妙的感觉中,隐藏着洛可可与中国古代文化在风格上亲和的秘密。与其说是文字给了洛可可对中国的概念。在易碎瓷器的细腻色彩中,在闪闪发光的中国丝绸的朦胧色彩中,一种幸福生活的图景展现在18世纪优雅的欧洲社会的头脑中,就像他们自己的乐观主义已经梦想过的那样"。优雅的瓷器和丝绸给18世纪的欧洲带来了一种对幸福生活的向往和一种新风格的灵感。洛可可风格与中国古代文化相结合的秘密,正是在于这样一种细腻的心境,极大地吸引了欧洲。

为什么中国风会吸引欧洲去追求中国文化? 一个原因是,中国意味着一种完全不同的文化,符合欧洲求新求异的文化心理。另一个原因是欧洲在黑暗的中世纪和文艺复兴的自由之后开始了启蒙时代的帷幕。反封建、反教会、追求自由的启蒙活动促进了中国文化在欧洲的影响力,也反映了欧洲人追求幸福生活的期望和以中国为榜样的理想。"中国风"实际上反映了那个时代欧洲人对异国情调的追求。在欧洲人的心目中,没有比中国更远的地方了,没有比中国更有吸引力和神秘感的地方了。

二、思想层面对中国的借鉴

中国风在物质层面给欧洲带来了不同的体验,甚至在思想层面也产生了重要的影响。一些学者、哲学家、思想家或作家的见解越来越深刻。比如,伏尔泰见证了这一变化,预言欧洲的公爵和商人在东方追求的是财富,而哲学家在东方发现的却是一个精神和物质的新世界。他意识到,艺术向欧洲展示的是一个富裕的国家,但思想家们总是会用敏锐的洞察力和深刻的批判来审视和判断一些深层次的东西,甚至像有的研究者宣称的那样,"天主教神学的总部——巴黎大学,是中国热情的中心"。

　　当欧洲进入启蒙时代时,对理性的追求、对哲学的思考、对制度的批判,在欧洲知识分子中引起了广泛的讨论。"中国热"激起了许多欧洲学者对中国的兴趣和关注。中国的儒学、政治制度、民族教育和经济政策都是研究内容。由于中国与欧洲不同,而且中国对欧洲产生了重要的影响,所以中国在欧洲的发展中被视为"他者"的参考。

　　莱布尼茨(Leibniz,1646—1716)是德国有影响力的科学家、数学家、物理学家、历史学家和哲学家,对中国非常赞赏。莱布尼茨认为,位于广袤欧亚大陆两端的中国和欧洲,是世界上最伟大的文明,分别代表着世界的两端。他认为最伟大的文化和最发达的文明聚集在世界的两端——欧洲和东方。这两个文明将携手并进,使欧洲与东方之间的所有民族都能过上更加理性的生活。莱布尼茨断言,中国和欧洲各有优缺点,有时中国会超越欧洲,有时欧洲会超越中国。在比较了中国和欧洲之后,他认为欧洲在思辨科学方面更胜一筹,而中国在实践哲学、伦理和治理方面更胜一筹。每个民族都有自己的优点和缺点,最好的办法是互相学习。所以,莱布尼茨建议相距遥远的民族应该建立一种新的相互沟通和理解的关系,应该在彼此之间交流自己的能力,共同发扬智慧。莱布尼茨承认,中国在地理版图上并不比欧洲小,但在人口和国家治理方面却比欧洲出色。他意识到中国是一个令人钦佩的民族,有一种古老的哲学或自然神论,建立于约3000年前,比希腊哲学更早。他讽刺说,如果欧洲仅仅因为这种古老理论不符合欧洲普遍的经院哲学,就想指责这种理论,那就太傲慢了。他高度赞扬了大约3000年前建立的、具有极大权威的儒学。莱布尼茨以其客观敏锐的眼光和丰富的学识认识到中国文化的世界性意义,影响了许多德国学者的中国研究。

三、18世纪中国文化对法国的影响

　　中国的思想文化对法国的百科全书学派和重农学派的思想产生了重要的影响。前者在法国的启蒙运动中,是一面色彩鲜艳的旗帜,区别于一般的文学流派,因参加编纂、出版《百科全书》的活动而得名;后者则是18世纪50—70年代法国古典经济学派。

　　百科全书学派从传教士那里获得了关于中国的知识,发现中国是一个自然神论的国家,中国人所倡导的与他们的自然神论和无神论哲学相吻合。伏尔泰(Voltaire,1694—1778)是18世纪法国启蒙运动的著名

思想家和指导者,他支持百科全书学派的观点,高度赞扬中国文化。伏尔泰认识到,西方基督教文化不是世界上唯一的,也不是第一种文化,中国早在 4000 年前就建立了,中国文化比西方文化要早得多。他称赞中国的政治制度,说中国是世界上最美丽、最古老、最广阔、人口最多、治理最好的国家。伏尔泰欣赏儒家思想,视其为自然神论,他强调儒家的"己所不欲,勿施于人"是最高的道德标准,应该成为每个人的座右铭。他高度赞扬孔子的教人而不治人的美德,甚至认为欧洲人在道德上应该是中国的学生。他在由自己创作的话剧《中国孤儿》(这是一部改编自中国《赵氏孤儿》的话剧)中表达了对中国人的看法。他认为中国是建立在父权、伦理、正义、荣誉和信仰的文化基础之上的,中国受到儒家学说的指导,整个国家像一个大家庭一样和谐。在他眼里,统治者宽宏大量,老百姓诚实有礼。伏尔泰在他的著作《中国的君主制度》(*Le despotism de la Chine*)中说:"他们(中华)帝国的组织实际上是世界所见过的最好的。"以德治国不仅是中国的原则,也是 18 世纪法国的理想。因此,中国被视为法国开明专制的典范。伏尔泰崇拜孔子,把孔子的画像挂在家里。法国人在儒家伦理哲学中找到了一种可以用来支持自己观点和理想的理论。

成长于 17 世纪中叶的法国重农学派在为法国经济社会发展寻找出路时,注意到中国对农业的高度重视。他们受到中国人尊重自然、尊重自然秩序的思想的启发,试图从中国古代经济思想中寻找可以借鉴的思想基础。法国重农学派的领袖、经济学家弗朗索瓦·魁奈(Francois Quesnay, 1694—1774),也是法国第一个系统的政治经济学学派的领袖,他认为天是最高的立法者。他认为符合人性的伦理原则就是法,中国的法就是自然的法。

在魁奈看来,自然秩序是"一切人类立法、一切政治、经济和社会行动的最高准则"。中国的政治制度和伦理制度是建立在他们对自然法的承认的基础上,是他们对自然法的承认的结果。在他看来,自然法是最高的,也是最本质的。自然法则建立了适合所有人类的最好的自然秩序。魁奈认为,自然秩序是"所有人类制定法律、所有政治、经济和社会行动的最高规则"。在他看来,自然法则是永久不变的存在,所有的智者和所有的人类理性都无条件地服从自然法则。他主要从经济生活的角度来构想自然秩序,并借鉴了欧洲的社会契约学说和中国古典理论,制定出一套制度。他强调土地是唯一的财富来源,只有农业才能增加财富。

魁奈认为,农业是迄今为止最具经济效益的活动,而中国就是他的榜样。在他眼里,中国是一个富裕而繁荣的国家,土壤肥沃,河流湖泊繁多,运河维护良好,农民是自由的,没有被任意征缴的风险,也没有被税务员的苛捐杂税掠夺的风险。他还指出,财富的增加可以保证人口的增加,人口和财富可以使农业繁荣,扩大商业,搞活工业。魁奈指出,没有土地产品和土地所有者的支出,就不可能有商业利润或工人的工资。中国是一个大国,自古以来就重视农产品,重农抑商的政策在中国早已存在。在中国古代的思想中,在四个等级的人(士人、农民、工匠和商人)中,商人被排在最底层,受到轻视。此外,中国皇帝每年亲自象征性地耕田的传统,也让魁奈印象深刻。

中国对农业高度重视的传统,很适合法国重农学派想通过重视土地来增加财富的观点,并提供了有力的佐证。魁奈认为中国是一个很好的例子来证明他的自然法理论,他因此被称为"欧洲的孔子"。

18世纪后,欧洲的启蒙思想家们被信奉儒家思想、尊重自然和道德至上的中国所吸引,他们接受并赞扬中国。尽管他们大多数人从未访问过中国,但从传教士的作品中获得了有关中国的信息。对欧洲人来说,中国是一个乌托邦式的理想。他们想在中国为欧洲找到一个模式,为欧洲找到一条出路。对18世纪的许多欧洲人来说,中国是一个典范,是一个乌托邦,但不是现实,正如研究者哈德逊所说:"他们创造了一个他们自己幻想的中国,一个从丝绸、瓷器和漆器中变出的仙境,精致而虚无缥缈,给中国艺术的动机赋予了一种新鲜的想象价值,只是因为没有任何已知的与之相关的东西。"

第五节　中国对欧洲的认识

大航海时代以来,中西之间的交流由传说演进到面对面对话,中国对欧洲的认识也发生了改变。

一、从传说到理性

在大航海时代之前,中国人对欧洲的认识以想象与猜测居多,随着世界地理大发现,中国人对西方的认识才逐渐趋客观与理性。

明优之前的中国史料对欧洲的记载几乎是一片空白。当葡萄牙人来到中国,通过交涉甚至战争与中国地方乃至国家政府发生了实际的关系,明代朝廷在处理这些国际事务时,处于既无古代文献资料可以查证,更不可能通过查阅现代意义上的"外文资料"来获取新知的境况。《明史·欧洲四国传》(《佛郎机传》《吕宋传》《和兰传》《意大利亚》四篇,分别记录了先后来到中国的葡萄牙、西班牙、荷兰、意大利四国)的情况。其中,对于欧洲国名、地理位置的记载来源于两个方面:一是来自"陌生人"的自我介绍,主要是已在东南亚沿海一带活动的华裔商民的转述;二是在资料缺乏时,就往往基于已有的知识体系和思维习惯加以猜测与想象,这就造成新知与误传混杂的状况。

在中西初识之后的 100 多年中,关于西方的谬传在逐渐减少,客观认知、理性对待的心理逐渐增强。尤其是利玛窦进京(1601)以后,中国上层官僚知识分子接触和了解欧洲知识的机会逐渐增多。如意大利传教士艾儒略(Jules Aleni, 1582—1649)与中国学者合著《职方外纪》中介绍的五大洲等西学知识,以及一些士大夫对于传教士学识、为人的肯定评价,不仅增加新知识,也表现了明末清初部分士大夫平等求知的开放心态。

二、保守依然为主流

西方传教士给中国带来了许多西方地理著作,也带来了许多关于世界的新信息,包括自然地理、文化制度、宗教概况、农业特征、生活、饮食、习俗等。传教士所介绍的知识客观上为中国人打开了看世界的大门,给中国知识分子带来了强烈的震撼。尤其是利玛窦的世界地图极大地震惊了中国,因为它告诉了中国人这样一个事实。

第一,人们生活的世界不是平的,这推翻了天圆地方的旧观念。

第二,世界那么大,中国只占亚洲的十分之一,亚洲只占世界的五分之一。中国不是一个没有国界的大国,而是一个小国。

第三,中国可能不是世界的中心,"四夷"可能是其他文明国家,中国可能是"四夷"眼中的"四夷"。

正是这些体现在利玛窦世界地图中的颠覆性思想,给中国知识分子带来了巨大的冲击。利玛窦给中国带来了世界地图和西方科学的人类知识,使中国人对异域世界有了新的认识。在中国人的思想观念中,"天下"虽然与现实领土有一定的关系,但并不仅仅是一个空间地理概念。更重要的是,"天下"是一种观念的建构,它体现了"夷"与"下"的层次划分、"中心"与"边缘"的关系、"天下统一"的思想。

然而,中国人对世界的了解不多,仍然坚持着天圆地方的传统观念,中国位于世界的中心。他们对新的世界地理表示怀疑。人们更愿意相信自古以来对世界的想象和认知,更愿意相信"夷"与"夏"之分。

西方的影响从明朝一直持续到清朝,直到康熙皇帝时期。康熙受西方地理观念和知识的影响,要求西方传教士到中国各地考察地形、绘制地图,完成了《皇舆全览图》。这是中国第一张有经纬线的地图集,也是中国历史上第一张全中国地图。遗憾的是,康熙以后的地理著作普遍缺乏对西方地理知识的明确认识和引用。人们对它的认识有限,并没有摆脱传统的天下观的束缚。

对于明末清初中国知识文化界整体来说,西方新世界与西学新知识的进入,只是星星之火。西方知识只在皈依了天主教的中国教民,特别是教民中较高层次的士大夫中产生影响,而并未撼动中国传统知识体系和士大夫固有的思维观念。对于外来西方新知识,中国知识界仍以消极怀疑者为主流,或持可有可无、事不关己的冷漠态度,缺少真正地求知探索者。例如,《意大里亚传》在介绍利玛窦《万国全图》及天下五大洲之后,加了一句"其说荒渺莫考,然其国人充斥中土,则其地固有之,不可诬也",这是一种将信将疑的态度;又有"其所言风俗、物产多夸",对于传教士介绍的欧洲情况也持不信任态度。

另外,西学新知往往是伴随着宣扬基督教神学理念而来到中国的。当西人给中国开启一扇观察世界的新门户时,他们同时强调这个广阔的世界无论是五大洲四大洋的物质世界,还是世间万物,甚至人类都是"造物主上帝"所造。也就是说,西学新知是在"上帝创造一切"的前提下被介绍进来的。这自然不能使文化心理相当成熟、理性有余、多倾向于无神论的明末清初中国士大夫所接受与信服,甚至会引起他们理性的反驳甚至非理性地诋毁,这就是明末到清朝历代,出现了多种《辟邪集》《破邪集》《辟邪纪实》等书的原因。书中围绕天主教神学展开了对于西学的多方面批驳、诋毁和攻击,反映了传统文化固守者的文化形态。明代知识分子魏濬《利说荒唐惑世》一文所说:"(利玛窦)所著《坤舆全国》洸洋宵渺,直欺人以其目之所不能见,足之所不能至,无可按验也。真所谓画工之画鬼魅也,毋论其他……"也有人指责天主教"邪说惑众""暗伤王化",驱逐传教士,造成南京教案等做法为代表,足见"辟邪者"那种宁可信其无,不愿信其有的蒙昧自大,以及多少接近于晚清顽固者的故步自封、傲慢排外的脆弱心态。

三、由强到弱转折点

这一阶段是中西文化强弱对比的转折点。在盛世,统治者很难看到外界会对自己产生什么影响,或者说,内部发展还没有达到需要统治者对外部世界进行理性判断的程度。因此外界事物能否被接受,取决于外部事物能否被用来维持统治。例如,基督教曾随着西方知识传入中国而传播,但在以"上帝"一词的翻译为出发点的礼制之争之后,基督教就被禁止了。在康熙、雍正、乾隆的黄金时代,朝廷物产丰富,不需要外援,所以对朝廷以外的其他民族不太重视。利玛窦引入的西方观念刺激了中国人从天下到万国的思想转变,但对中国人的启示只是短暂的,很快就被强烈的传统信仰吞噬。下一个新的有力转折直到近代才出现。

第四章　19—20 世纪上半叶 中国典籍西传

第一节　鸦片战争背景下新教传教士译典籍

18 世纪中期,由于在政治、经济、技术等方面逐渐成熟,英国率先兴起了一场工业革命,并在欧洲迅速崛起。随着蒸汽机的发明和各种机器的使用,英国成了世界上最先进的工业国,国际贸易的需要也越来越强烈。出于开拓市场和原料产地的商业目的,英国希望尽快和当时的清王朝建立外交关系。1787 年,英国政府派遣国会议员克塞卡特(Charles Catheart)为使臣来华交涉通商事务,不幸的是,克塞卡特病逝在途中。1792 年,英国又派遣乔治马戛尔尼(George Macarthey)使团访华,目的是想通过与清政府进行谈判,取消清政府在对外贸易中的种种限制和禁令,打开中国门户,开拓中国市场,1793 年 8 月,马戛尔尼一行正式来到中国。对于以"祝寿"为名而来的马戛尔尼使团,清政府最初是持欢迎态度的,并表现出前所未有的重视。乾隆皇帝认为英使远涉重洋是前来祝寿的,"具表纳贡",实属好事。9 月,乾隆皇帝在避暑山庄接见了马戛尔尼使团,但拒绝了"祝寿纳贡"之外的一切通商要求,在马戛尔尼使团访华之前,如前所述,欧洲在 17—18 世纪曾出现"中国热",欧洲许多思想家称赞中国的儒家文化与政治经验。但是马戛尔尼使团访华后,使团对中国的记载完全不同于以往欧洲传教士与商人对中国的描述,欧洲对中国的形象颠覆于以前的形象。

在鸦片战争之前,基督教传教士的活动除了广州、澳门及沿海零星一些地区外,主要在马六甲一带。鸦片战争后,香港割让、广州、厦门、上海等五口开埠通商后,传教士的活动开始向内陆发展。这期间,大批传教士陆续来华,1810年美国公理宗牧师总联合会成立了"美国(公理会)海外传道部",1829年,美国传教士裨治文(Elijah Coleman-Bridgman)来华,开始了长达一个多世纪的美国对华传教活动。为了更深入的传教,他们创建教会学校、创办报刊书籍、编撰英汉字典等,对近代中国社会产生重要影响。这一阶段,在典籍翻译上做出突出成绩的有英国伦敦会传教士马歇曼、英国伦敦会传教士理雅各等。

一、理雅各翻译典籍

理雅各(James Legge,1815—1897),伦敦会传教士,英国汉学家。理雅各的一生大部分时间都和中国及汉语有关。理雅各在苏格兰阿伯丁的一个小镇度过了自由的童年,1829年进入阿伯丁文法学校,在那里他开始展示自己的语言天赋,尤其是拉丁语。毕业时,他拿到了阿伯丁国王学院的奖学金。在大学期间,理雅各生活简朴,学习刻苦。毕业时,他获得了阿伯丁大学颁发的最高奖励。理雅各在学校时代所表现出的非凡的语言天赋、勤奋和毅力,是他后来在翻译和学术研究方面取得成就的先决条件。

从大学毕业后,理雅各曾有机会被任命为母校的拉丁语教授,但是他拒绝了这个机会。1837年,带着献身于传教事业的强烈愿望,理雅各进入海布里神学院。在那里他被伦敦传教会录取,并下定决心去中国传教。在前往中国之前,他曾学过几个月的汉语并得以接触《论语》。

1840年,理雅各来到马六甲,在马礼逊创办的英华书院担任教职,开始了对当地华人的教育和传教工作。除了传教和教学,理雅各还开始阅读和研究中国古典文学。1843年,书院迁往香港后,理雅各到达香港,在那里花了30年时间翻译中国儒家经典,并从事传教工作。正是在香港,理雅各完成了第一卷《中国经典》的翻译。

结束传教工作后,理雅各于1873年回到英国。由于他在翻译方面的成就和对汉学的贡献,1875年他成为第一位获得"儒莲奖"的学者。这一年度奖项是由巴黎大学中文系教授儒莲(Stanislas Julien,

1797—1873）设立的，旨在奖励那些在中国文学方面发表了最有价值的作品的人。第二年，理雅各以汉学教授的身份定居牛津大学。除了汉学教学外，理雅各还一直致力于研究和翻译中国典籍。除了系统地翻译中国儒家典籍之外，理雅各还在1886年翻译了一本关于佛教地形学的书《法显游记》。理雅各的翻译作品涵盖了中国儒家文化、道教文化和佛教文化，构成了中国传统文化的三个主要维度。理雅各在牛津大学任教时，采取了语言与文化并重的教学策略，他在教学中也重视翻译。作为一名教师，理雅各赢得了学生的爱戴和尊重。可以说，理雅各对中国文化在西方的传播做了巨大贡献。

理雅各是一个虔诚而又认真的传教士，他把传教工作作为自己的首要职责。他认为适当地了解儒家经典对基督教在中国的传教很有帮助。在他看来，除非他完全掌握了中国古典典籍，并亲自考察了中国先贤所涉猎的全部思想领域，否则自己就不能胜任自己的工作。

在此过程中，他感到现有的中国典籍译本并不尽如人意。于是，他想到了亲自承担艰巨的翻译任务。

经过近15年的努力，理雅各完成了第一卷《中国经典》，即包括《论语》《大学》的译稿在香港出版。第二卷是《中庸》和《孟子》的译稿前两卷，完成了"四书"的翻译。1865年，《书经》英译本为《中国经典》第三卷。1871年，《诗经》英译本为第四卷，之后，第五卷《春秋》陆续出版。1873年，理雅各返回英国，继续从事中国典籍翻译工作，出版了《中国经典》第六卷，即《易经》。1882年出版了第七卷，即《礼记》《孝经》和《道德经》。晚年，理雅各还翻译了东晋高僧法显的《佛国记》等作品。

关于《中国经典》翻译的特点，许多学者进行了研究。总体来说，理雅各最突出的特点是他的翻译原则和标准的学术翻译。理雅各的《中国经典》达到了一个标准的学术翻译的顶峰，每卷都由卷序、序言、大量的批评和训诂注释和丰富的索引组成。

理雅各的《中国经典》自出版以来，受到国内外专家学者的高度评价。理雅各用五十余年的时间，架起了一座中西方交流的桥梁，他的一生是由传教士走向汉学家的一生，他生平的活动，开始于向东方传播基督教义，然却留名于向西方传播中国文化，至今虽已超过百年，理雅各的译本仍被认为是中国经典的标准译本之一。

二、其他代表性传教士译典籍

传教士译典籍首选的是儒家经典,其中又以《论语》备受青睐。1687 年,比利时籍来华传教士柏应理(Philippe Couplet,1622—1692)在巴黎出版了由他和其他三位在华传教士编译的《中国哲学家孔子》(Confucius,Sinarum Philosophus)。该书收录了《论语》《大学》和《中庸》三书的拉丁文翻译。1691 年,该书被翻译成英文在伦敦出版,名为《孔子的道德哲学:一位中国哲人》(The Morals of Confucius, A Chinese Philosopher)。这是《论语》的第一个英文译本。真正意义上的第一个直接将《论语》从汉语译成英语的译本则出现在 1809 年,由英国传教士马歇曼(Joshua Marshman,1768—1837)翻译,名为 The Works of Confucius。马歇曼之后,在 19 世纪英译《论语》的还有柯大卫(David Collie,?—1828)、理雅各(James Legged,1815—1897)、威妥玛(T. F. Wade,1818-1895)、詹宁斯(William Jennings)、偕我公会传教士苏慧廉(William Edward Soothill,1861—1935)等英国传教士。

另一个受欢迎的典籍是《诗经》,仅在 1891 年英国就出现了两种全译本。一个译本由传教士詹宁斯译著:The Shi King:The Old Poetry Classic of the Chinese。詹宁斯曾在我国香港圣约翰大教堂任牧师,他所译的诗在汇成集子前曾陆续刊登在我国香港刊行的《中国评论》上,诗行简洁,译文力求精准。另一译本《诗经——中国的诗集》(The Book of Chinese Poetry)译者为阿连壁(Clement F. R. Allen,1844—1920),他在序言中提到,自己在动手翻译之前曾读到过《中国评论》上詹氏的译稿。此外,据学者考证,美国诗人庞德 1917 年也读过詹宁斯的《诗经》译本,20 年之后翻译并出版了美国民歌风格的《诗经》,由此可见,詹宁斯《诗经》译本在汉学传播史上也有一定的贡献。

新教传教士译汉文典籍的译出语言也大大增加。法国耶稣会传教士顾赛芬(Seraphin Couvreur,1835—1919)两次来中国传教,他非常喜欢中国古典文学。他先后完成法语翻译的中国典籍有"四书"(1895)、《诗经》(1896)、《书经》(1897)、《礼记》(1899)等。

还需特别介绍的是德国籍新教传教士——花之安(Faber Ernst,1839—1899)。1865 年,受德国礼贤会派遣来华传教,因对中国古代文化的爱好,他极力推崇耶稣会士所主张的"孔子加耶稣"传教思想。他热衷于对中国古代宗教与哲学的研究,并把《论语》《孟子》翻译成德文。卫礼贤(Richard Wilhelm,1871—1930),是德国 20 世纪初最重要的汉学家之一,曾在青岛任传教士,后来受聘于北京大学,在中国生活工作达 25 年之久。他的一生不断地翻译中国经籍,并以报告形式以向德国各阶层介绍中国文化世界。1910 年,他在德国耶拿出版了《论语》德译本。此后,一系列儒家典籍德语版相继出版,如《道德经》(1911)《列子》和《庄子》(1912)、《孟子》(1914)、《中庸》和《孟子》(1916)、《大学》(1920)等。1924 年卫礼贤回国,继续从事中国典籍德译工作,如《易经》(1925)、《吕氏春秋》(1928)、《礼记》(1930)等。此外,他还翻译了《西游记》《三国演义》《三言两拍》《聊斋志异》《搜神记》《封神演义》和《列国志》的部分章节。卫礼贤翻译的这些典籍德译本中《易经》最负盛名,"具有特别大的影响力",时至今天仍然重版,畅销不衰。

新教传教士将中国典籍尤其是以"四书""五经"为代表的儒家典籍翻译为欧洲最主要的语言,如英语、德语和法语,为向西方介绍中国文化做出了贡献。

第二节　作为译者的传教士译典籍比较

从大的历史时段来看,1800 年前即晚明至清中期以耶稣会为代表的来华传教士和 1840 年后即晚清以基督教新教为代表的来华传教士,由于中西关系的变化,他们对中国典籍的理解心态也发生变化,在典籍翻译及其影响方面有一定的区别。从原文本的选择上,两个时段的传教士都看重儒家典籍尤其是"四书""五经"的翻译,但早期传教士外译语言以拉丁语为主,而晚清来华传教士与明清之际的耶稣会士相比,他们的译出语言呈现出多样化的特点,除拉丁语外,还有英语、法语、德语等;从翻译形态上看,早期典籍翻译以编译和译述为主,其中穿插对中国文化和中国哲人如孔子的评价,新教传教士译典籍以节译和全译为主,另外撰写文章或书籍专门评价中国文化。

一、中西关系不同

从全球史的角度,在这两个时段,中国与西方的关系是相当不同的,1800 年前由于康乾盛世,中国国力相对强大,此时来华的传教士对待中华文明的态度并不存在晚清时期的那种"西方中心主义"的观念。反之,18 世纪欧洲的"中国热"反映了中国文化对西方思想文化的影响,当时西方知识界主流对中国持一种崇敬和学习的态度。当然,即便在 1800 年前来华传教士来中国也是为了"中华归主"这个战略目标,在解释儒家文化时也是站在基督教的文化立场上的,但由于中西文化关系大体平衡,因此传教士对待中国文化基本上是尊敬的,是友好的。1800 年后,特别是 1840 年鸦片战争后由于中西关系开始逆转,整个西方文化思想界对中国文化态度开始转向反面,停滞与落后成为西方对中国的基本认识。西方中心主义开始成为来华传教士的一个基本文化态度,这样许多来华的传教士,特别是基督新教的传教士对待中国文化的态度是鄙视的。中国和西方之间不同的文化态势,不同的历史时段,决定了传教士对待中国文化的不同态度。

两个阶段传教士对待中国文化态度的转变可以在他们对待中医的态度上略见一斑。耶稣会士对中国医学大都持肯定态度,当时欧洲医学虽正由传统向现代转变,但希波克拉底的四行四液学说仍是基础,与中医的五行学说有相似的哲学基础,他们认为中医与西医不相上下。而新教传教士,尤其是 1840 年以后来华传教士,已熟悉现代医学知识,尤其是以解剖和生理为基础的外科,他们视中医为已被抛弃的希波克拉底,充满荒谬甚至迷信。两个阶段传教士态度的转变也与中西关系密切相关,新教传教士来华居留得益于清政府与西方列强签署的不平等条约,因此他们往往以优胜者的心态来看待中国文化,早期耶稣会士并无制度保障,他们从一开始便积极结交中国上层社会以求站稳脚跟,在对待中国文化时则抱着学习的心态。

二、身份不同

两个时期传教士的身份也有所不同,早期耶稣会士以传教为主,以学习中国文化和翻译典籍辅助传教,新教传教士伴着西方殖民而来,传教之外,还有为政治军事服务及强烈地"改造"中国文化的目的,他们建学校、办报纸,还身兼数职,包括外交者、教育者、媒体传播者等。马礼逊首要身份即东印度公司翻译员及英国对华关系副领事。此外,两个阶段的传教士都兼有汉学家的身份。汉学(Sinology)是指中国以外的学者对有关中国的方方面面进行研究的一门学科,也称为国际汉学、海外汉学、域外汉学、世界汉学等。汉学以整个中国为研究对象,其研究范围有广义和狭义之分,广义的汉学包括了中国的社会科学和部分自然科学,狭义的汉学只涉及哲学、宗教、历史、汉语言文字等部分社会科学。欧洲早期汉学在传教士阶段,汉学家分为两批人:一批是在中国的传教士,一批是从中国返回的欧洲传教士和在欧洲的世俗汉学家。我们来看理雅各的多重身份:译者、传教士、汉学家。

作为译者,理雅各具备学习语言的天赋,小时候学习读写基础时,他在拼写方面从来没有遇到过困难,能很快地凭记忆把课文从头到尾背下来,这为他日后的翻译事业奠定了基础。后来,他去了教区学校,理雅各在班上的主要任务是翻译,因此他学会了各种术语的用法和不同的短语。这段经历帮助理雅各在转到文法学校时获得了翻译考试的第一名。理雅各在文法学校主要学习拉丁语,他经常帮助导师把几个版本翻译成正确的拉丁文。由于事故使他的腿严重受伤,他在家里休养了一段时间。在此期间,他致力于批判性的研究拉丁句子的结构,并在这一学科上取得了很大的进展。康复后,理雅各跟随梅尔文博士(Dr. Melvin)学习拉丁文写作,梅尔文博士专注于"意义的精神而不是文字的字面表达"梅尔文的思想为理雅各的"心灵对心灵"翻译奠定了基础。在他的指导下,理雅各在拉丁文写作方面的天赋在同龄人中脱颖而出,可以流利地进行英语和拉丁语口译。

翻译也是理雅各掌握语言的独特方式,他采用回译的方式学习拉丁文,取得了良好的效果。值得注意的是,理雅各在香港任职时,也用了同样的方法来提高中文水平。精通拉丁语也使理雅各在19世纪50年代开始英译中国典籍时参考了其拉丁译本。

1838年末,为了准备在中国工作,理雅各被派去学习中文。在有限的中文教材中,理雅各通过《论语》对儒家思想有了初步理解。在马六甲的经历使他在中文写作和口语方面都很熟练。随着时间的推移,理雅各确信自己的中文有了很大的进步,并决定开始翻译儒家经典。

理雅各40年的翻译生涯得到了许多人的帮助。例如,为了支持理雅各的翻译计划,在中国经商的英国商人约瑟夫·怡和(Joseph Jardine)慷慨地提供资金,以支付《中国经典》的费用。中国学者王韬(1828—1897)给予了极大的帮助。王韬在上海墨海书馆参加编校译书工作长达13年,后因政治原因逃亡到中国香港,结识理雅各。王韬常为理雅各阐释经意,比较中西文化的异同,两位学者配合默契,相得益彰。

作为传教士,理雅各的身份决定了他"以上帝为中心"的翻译思想,理雅各把上帝放在第一位,这影响了他对中国典籍的翻译。但理雅各对其他宗教的包容态度,使他能够比较公正地看待儒、道、佛。

理雅各的学者身份决定了他将翻译视为学术研究,在翻译中国典籍时,他不仅把自己看作翻译家,而且还把自己看作有责任向学生灌输中国语言和文学的教师。这就是为什么他提到学中文的学生是他的书的目标读者,他希望他的作品能帮助他们学习中文。1905年,理雅各的女儿为她的父亲写了一本传记,并取名为《詹姆斯·理雅各:一个传教士和学者》。在她看来,她父亲的成就不仅是作为一名负责任的传教士,而且还是一名享有盛誉的学者。

1875年,在英国社会各界的倡议和捐助下,牛津大学设立了汉学教授一职,理雅各成了第一个获得这个职位的人。担任汉学教授,为他后来参与穆勒主编的《东方圣书》的编纂奠定了基础。理雅各在就职牛津大学之前一直与马克斯·穆勒保持着定期通信。在1875年给理雅各的信中,穆勒对理雅各在研究中国文学方面的杰出成就表示钦佩。马克思·穆勒被称为现代宗教之父,他创立了比较宗教这门学科。他认为宗教只能通过比较来理解。可能是受到穆勒理论的启发,理雅各在牛津大学担任教授期间,更加注重宗教间的比较,以证明基督教的优越性。除了翻译《中国圣书》外,他还于1877年出版了《儒教与基督教》,1880年出版了《中国的宗教》,1888年出版了《基督教在中国:景教、罗马天主教、新教》。

除了翻译和写作,理雅各还在牛津大学做中国文学的公开讲座。例如,在1877年,他发表了一篇关于中国考试制度的演讲,并讨论了它对中国正统思想的贡献。1880年,他在长老会学院做了四次讲座,详细介绍了中国的宗教。

第三节 从 "Deus" 到 "God" 的译名之争

　　翻译研究的操纵学派认为,从译入语文学的角度看,所有翻译都意味着在特定意图下对原文学进行某种程度的操纵。翻译理论家勒菲弗尔(Andre Lefevere,1992)在论文集《翻译、历史和文化》一书中指出,翻译活动是在一系列条件的限制和约束下完成的,仅凭一些规定性的法则及对源语的模仿远远无法实现好的翻译。之后,勒菲弗尔在著作《翻译、改写以及对文学名声的操纵》中,系统地阐述了操纵理论,翻译——作为很明显的改写类型,是一个通过调整操控原文以适应两个重要约束因素的过程。首要因素是译者有意识或无意识的意识形态,这反映译者对待话语的原始世界或"属于原作者所熟悉的世界的对象、概念、习俗"的方式上。译者对之的态度受到"原文的地位、译文所在文化的自我形象、译文文化中可以接受的文本类型及可接受的措辞方式、目标受众以及受众习惯或愿意接受的'文化剧本'"的影响。然而,译者的意识形态也决定了其对目标语言的写作态度,如在诗歌翻译中,意义优先于形式的程度。对翻译起作用的第二个制约因素是目标文化中占主导地位的诗学,诗学被非正式地定义为"文学形式、体裁、主题、原型人物、情境和符号"以及该文化关于文学在社会系统中应该扮演什么角色的概念的综合。另外,赞助者如政府部门、出版社、个人势力等操控翻译作品的意识形态、出版、经济等。

　　在华传教士从事的双向翻译,既要把中国典籍译出,也要将基督教典籍译入。纵观基督教在华传播史,从早期拉丁语 "Deus" 到新教传教士时期英语 "God" 的汉译问题一直是最富争议的问题之一。从传教的角度而言,宗教的神圣性要求 "Deus" 与 "God" 的汉译必须专一,具有排他性;从受众的视角而言,名称的汉语表达要便于中国人理解和接受。语言的含义除表层意义外,还有背后深层的文化意义。拉丁语、英语、汉语分属不同语系,生成与发展环境迥异而具有各自的文化特性。

译名问题受到各种因素的制约与影响而变得非常复杂。事实上,在基督教传播到世界上各个文化的过程中,译名问题一直存在。操纵学派认为翻译受到意识形态、诗学和赞助人的制约,"Deus"与"God"的汉译正是在传教士、传教士所服务的教会、中国受众、中国的传播环境等一系列因素的制约下进行的。

一、"Deus"汉译引发的"礼仪之争"

基督教造物主拉丁语"Deus"一词,罗明坚首先将之汉译为"天主"或"上帝"。利玛窦继承了这种翻译并援引中国古籍宣称"吾天主乃古经书所称上帝也",认为这两个概念均为中国传统文化中自己的概念,基督教和中国的上帝也有共同之处。利玛窦此举非常明确地表明他迁就译语文化的态度。另外,利玛窦认为祭祖和祭孔并不是宗教活动,他在《天主教传入中国史》中写道:"每月之月初及月圆,当地官员与秀才们都到孔庙行礼,叩叩头,燃蜡烛,在祭台面前的大香炉中焚香。在孔子诞辰时及一年的某些季节,则以集隆重的礼节向他献祭动物及其他食物,为感谢他在书中传下来的崇高学说……使这些能得到功名和官制;他们并不念什么祈祷文,也不向孔子求什么,就像祭祖一样……关于来生的事,他们不命令也不禁止人们相信什么。许多人除了儒教外,同时也相信另外那两种宗教。所以,我们可以说儒教不是一个正式的宗教,只是一种学派,是为了齐家治国而设立的。因此,他们可以属于这种学派,又称为基督徒,因为在原则上没有违反天主教之基本道理的地方。"正是基于利玛窦这样的理解,他才吸收了像徐光启、杨廷筠和李之藻等有名望的知识分子皈依天主教。然而,利玛窦去世后,他的接班人龙华民(Nicolas Longobardi,1559—1654)不赞同利玛窦的解释和适应路线。龙华民等认为中国文化中的"天主"或"上帝"和基督教创造万物的"Deus"根本不是一回事情,建议彻底废除"天主"或"上帝"的使用,直接用音译"徒斯"或"泰初"代替。他们坚持用正宗的、原始的传教方略。这种传教方式严格地禁止中国人进行祭拜活动,使得传教士和中国地方上的官绅以及一些入教的中国教民和家乡的乡亲父老之间不断地产生冲突。

此外,耶稣会内部也有大量支持利玛窦的声音。这也导致耶稣会内部对此争论不休。后来争论又扩大到各修会之间,1704 年,罗马教廷发出禁令,尽管做出在关键术语翻译上不再使用欧洲人熟悉的音译词,但禁止中国教徒祭祖祭孔,传教士也不允许主持或参加这些"带有迷信色彩"的活动。至此,罗马教廷全面否认了利玛窦为代表的耶稣会释经与传教路线。之后,罗马教廷先后派使团来与康熙皇帝沟通礼仪问题,都受到热情接待。康熙皇帝明确表示,中国几千年来奉行孔子之道,如果传教士反对中国礼仪,那将很难在中国留下来。所以,当康熙皇帝得知罗马教廷视"中国礼仪"为异端时,颁布了禁教令:"以后不必西洋人在中国行教,禁止可也,免得多事。"

由核心词语翻译到礼仪之争,表面上看起来是皇权和教权之争,但实质上却是文化之争。无论是各修会反对利玛窦路线还是罗马教廷的态度,无不表现出强烈的欧洲中心主义倾向,一种按照欧洲文化来"修正"其他文化的倾向。在"礼仪之争"后不久,中国和西方之间的力量发生了变化,西方沿着一种自我扩张的殖民主义路线在中国和东方发展。

二、"God"译名之争

礼仪之争之后,基督教逐渐在中国衰落,1840年之后,随着新教传教士来华,译名之争再次出现,只是这次争论主要集中在英国和美国传教士之间。19世纪,主要在澳门和香港传教的新教传教士开始将《圣经》翻译成中文。然而,对"God"的汉译他们并没有采用之前天主教徒使用的"天主"一词,也没有采用《旧约》中的希伯来语"耶和华"(Jehovah)和《新约》中的希腊语"Theos"。马礼逊是第一位从事《圣经》汉译工作的基督新教教徒,他选择了"神"作为"God"的译名。在马礼逊看来,天主教徒所采用的"天主"并没有按照以往天主教徒的经验成功地使那么多中国人皈依基督教,更糟糕的是,由于这个翻译过来的词,中国人误解了"上帝"是一个类似于佛教中的菩萨一样的存在。

在米怜(William Milne,1785—1822)的协助下,马礼逊于1814年完成了《新约》的翻译,1819年又完成了《旧约》的翻译。在这两个译本中,他都用"神"来指代"God"的概念。虽然马礼逊的译本中充满了古文和错误的中文,但对后来基督教的事业和《圣经》的新汉译产生了巨大的影响。值得注意的是,马礼逊还编著了《汉语词典》。这是一部汉英词典,是后来理雅各(James Legge)等传教士学习汉语的重要教材之一。

　　后来的新教传教士认识到马礼逊《圣经》译本的不足,于是1843年他们在中国香港召开会议,决定重新汉译《圣经》。一开始有许多术语的中文翻译存在争议,最后逐渐讨论缩小到"God"的翻译。美国传教士赞成马礼逊使用的"神",而英国传教士认为"上帝"更合适。会议结束后,传教士分成了两个阵营,双方不断发表文章,出版小册子和书籍,就术语问题捍卫自己的观点。为了更有效地对术语问题做出决定,1847年成立了代表委员会,由每个学会的5名代表组成。然而,由于英国代表委员的意外死亡,"God"的翻译问题因此没有解决。从那时起,双方都专注于翻译各自版本的《圣经》,尽管他们的翻译都被命名为《旧约》或《新约》。

　　在争论中,美国新教传教士属于赞成译名"神"的一方,而大多数英国新教传教士则支持译名"上帝"。因此,这场争端发展成为美国和英国新教传教士之间的权力对抗。1851年以前,由于美国在数量上的优势和主要宣传手段的控制,优势在于美国一方。美方观点得到了美国驻外使团委员会、美国长老会和美国圣经协会的支持。相比之下,英国方面主要得到了伦敦传教会的支持。在这一过程中,数量上的优势使美国在投票中处于主导地位。19世纪初,当第一批新教传教士来到中国时,资历浅的传教士承诺无条件地服从和尊敬资深传教士,因此马礼逊和米怜作为最有经验的传教士负责传教活动,并有权做出所有重要决定。然而,随着美国新教传教士人数的增加,由美国个人提出的投票制度改变了高级成员享有决策权的情况。因此,19世纪40年代马礼逊和米怜去世后,英国传教士梅德赫斯特虽然成为资历最高的传教士,但他无法决定选择"上帝"而不是"神"作为"God"的汉译。

　　此外,美国方面还控制了《中国丛报》这个主要宣传手段,《中国丛报》是传教士在中国阅读的主要刊物,由美国传教士在广东创办的。自1847年以来,"God"一词的翻译在杂志上热了起来,有许多文章对此进行了讨论。由于该报受美国方面控制,有时甚至拒绝发表英国方面支持"上帝"的文章。因此,英国新教传教士被迫另外发行小册子,为自己的观点辩护。

　　英美在译名之中竞争的格局,使得原本资深的英国传教士面临美国传教士的严峻挑战,"资浅服从资深"的原则和传统难以为继。马礼逊早期所担忧的混乱局面,在他去世后不久果然接踵而至。从19世纪30年代到之后抗战前夕,美国新教传教士在华活动历时百余年,影响力不断提升,大批美国在华传教士不仅传播基督教信仰,且办理了众多教会学校、医院、慈善机构,同时又通过经济力量和人事制度后期长时间主导中国基督教的发展。

在译名之争中,中国皈依教徒也有表达自己的观点。黄品三(1823—1890)作为文化水平较高的中国牧师,除牧养教会外,还积极从事文字事工。他先后在《教会新报》《万国公报》等报刊发表文章40多篇。就当时教会在翻译《圣经》时"God"的汉语译名争议,撰写《圣号论》《作圣号论原意》《首要称名论》等文章,来表达自己的看法。他认为应将"God"汉译为"造化主"。

据司德敷(1985)统计,1920年出版的各种《圣经》译本以将"God"译为"上帝"者占绝大多数。从意义上来说,"上帝"源于《尚书》,意为天帝,是神灵世界的主宰,也是统治者和老百姓的最高崇拜;"神"在汉语中是一种宗教观念,不同历史时期对神的理解不同。可见,"上帝"的译法更符合当时的诗学观,最终占了上风。

第四节　译者主体性在典籍翻译中的体现

在传统翻译理论的框架下,翻译活动严格限定在语言层面。在相当长的一段时间里,翻译研究甚至被归结为语言研究的任务。在这样的学术环境下,翻译研究的范围变得非常有限。译者作为翻译活动中最活跃的因素,其作用却被严重忽视。随着各领域学术研究的深入,翻译研究不断汲取各领域的精华,最终摆脱了语言的束缚,成为一门独立的学科。这为翻译研究的进一步深入发展提供了良好的基础。

翻译学界的文化转向极大地拓展了翻译研究的视野。翻译不再仅仅是词与词之间的转换过程,而是一个连贯的过程,包括翻译前的准备、翻译过程和翻译后读者的反馈。这样学者们也可以从多层次、多角度来研究翻译活动。在这种观念的转变中,译者的地位和作用越来越受到理论界和实践界的关注。

一、译者的角色和地位

在传统的翻译研究中,翻译活动被认为是一种语言活动,是语言之间的交流。在这种观点的影响下,翻译过程被认为是不同语言符号之间的转换,而译者在这个过程中的作用只是遵循语言的规律,完成符号转换的具体实现。在这一理论的指导下,译者有必要在翻译过程中尽可能地含蓄表达自己的个性,避免在翻译过程中留下任何个人印记。劳伦斯·韦努蒂使用术语"隐形"(invisibility)来描述当代英美文化中译者的处境:"顺便说一句,译者自己倾向于'流利地'翻译成英语,以产生一种地道的和'可读的'目标文本,从而产生一种'透明的幻觉'。"①这一观点在翻译过程的狭义分析阶段和翻译的具体技巧和策略研究阶段都发挥了重要作用。同时,这种观点也严重制约了翻译研究在更广阔空间的发展。当跳出语言的层面,从更广阔的文化层面来研究翻译活动时,我们必须思考译者的角色以及译者在翻译过程中扮演的角色。

关于人的主体性的研究早在 17 世纪就由法国哲学家勒内·笛卡尔在欧洲哲学界提出,后来这一理论发展为主体间性研究。自从翻译和翻译研究被纳入语言研究的框架以来,翻译主体性的研究一直被搁置,很少有人提及。如何界定译者在翻译过程中的位置以及译者在翻译过程中所扮演的角色?译者与作者、原文、译文与读者是什么关系?这类问题一直被忽视。在这种学术氛围中,译者所扮演的角色总是被描述为被动的,或者只是一个连接媒介,如仆人和媒人、翻译机器。

20 世纪 80 年代末,通过国际翻译家学术领域进行了更为全面、多层次的研究,在翻译研究重点的方向、翻译研究方法的转变和翻译家系统研究等问题上取得了许多新的认识。学者们越来越意识到,在翻译活动中,以译者思维和个人素质为中心的,不可忽视的是对译者的识别和研究。

目的论的创始人德国翻译研究者汉斯·弗米尔(Hans J. Vermeer,1930—2010)指出:"译者在翻译过程中起着至关重要的作用。在翻译过程中,翻译人员首先作为翻译摘要和原文本的接收者。在与客户就所涉及的条件达成一致后,翻译人员会生成他们认为符合翻译摘要要求的

---

① 吴丽兰.试论译者的"隐形"和主体性[J].安徽文学,2014(05):31-32.

功能的目标文本。"他还提出,译者是一个跨文化专家,他知道如何"生产"一个符合翻译目的和目标文化的文本。

弗米尔认为,译者在翻译过程中的作用是非常重要的,译者是整个翻译过程中义务的主要载体,对客户和读者负有双重责任。译者在翻译过程中要完成分析、检查、解释和翻译的一系列工作。没有权利就没有责任,我们可以看到,在这个过程中,译者已经摆脱了被动角色的束缚,变成了一个"负责人",所以译者必须对整个翻译过程中的所有行为负责。

翻译理论家道格拉斯·罗宾逊(Douglas Robinson,2001)在对西方传统理性主义的批判基础上,明确提出"译者是作家"的观点:"译者不会变成原作者,但她/他可以成为一个作家,一个非常像原作者的作家,因为他们都在写作,并以大致相同的方式,利用他们自己对语言和世界的经验来呈现有效的话语。"① 传统理论认为,译者完全可以依靠自己的理性来控制自己的思想和行为,译者的翻译行为必然受到一种神秘力量的激励。罗宾逊则认为,影响译者的因素一定有一些更为复杂的因素,而不仅是理性或神秘的力量能够把问题解释清楚。因此,他试图在这两个极端之间找到一个妥协点,并为这两种力量的相互融合找到一个灰色地带。罗宾逊关于译者角色的论述更加明确:译者是作家,与原文作者具有平等的地位。

从以上的陈述可以看出,无论译者是负责人、作者还是对话的一方,译者在翻译过程中所扮演的角色都不再是被动的。应该说,这种态度的转变有助于从多层次或更客观的角度来识别翻译过程。

在探讨了译者在翻译过程中所扮演的角色之后,很自然会想到一个问题,译者在翻译过程中占据着怎样的地位。只有理顺了译者在翻译中的地位,才能更加清晰全面地研究译者在翻译过程中的作用。

毫无疑问,在传统翻译的理论框架中,译者在翻译过程中的地位是很低的,或者直接地说,译者是被有意忽视的。西方传统翻译理论主张,在翻译研究中,译者必须走开,只是充当作者与作者之间的传声筒。在中国传统的翻译观念中,也有许多理想的翻译标准,如严复提出的信、达、雅的标准。这种理想的翻译标准,像西方提倡的译者隐形概念一样,

① 卢玉玲.翻译的幽灵——评道格拉斯·罗宾逊的《谁在翻译?——超越理性论译者的主体性》[J].中国翻译,2004(05):58-60.

认为理想的翻译应该像玻璃一样透明,让读者感觉不到自己是在阅读翻译作品。这种理想化的标准使译者陷入了一种尴尬的境地:一方面,译者必须全力以赴地完成任务;另一方面,译者必须使翻译的作品看起来没有任何翻译的痕迹。此外,在传统理论的观念下,翻译的价值被认为低于原作,翻译是模仿,是对原作的依赖,是缺乏创造力的。因此,译者的地位低于原作者,译者在翻译过程中的创造力被完全抹去。

传统翻译理论在翻译标准等一系列问题上的见解还是很有道理的,但还不够全面。翻译作为一项复杂的活动,需要从多层次的角度进行分析。在翻译学界出现"文化转向"之后,建构了一种新的文化学派理论,即语言文化理论。文化转向使翻译主体性逐渐成为翻译研究的重要议题,也使译者主体性成为翻译领域的重要课题和新的研究课题。操纵派的代表人物勒菲弗尔认为,文学翻译实际上不是如何遵循或使用规则,而是译者做出选择的过程。通过这一过程,译者根据自己所掌握的最充分的材料,确定如何将文本描述为特定时期的特定文化的最有效策略。而另一位代表苏姗·巴斯内特(Susan Bassnett)则认为翻译是译者操纵文本的过程,必须用多因素理论来取代忠实于原文的原则。

由此可见,翻译工作者的地位正在逐渐提高,从一个被忽视的地位上升到一个主导地位。正确认识译者在翻译活动中的地位,有助于我们更加客观地评价译者的翻译活动和翻译作品的价值。它还可以帮助译者走出"尽善尽美"而又"欲罢不能"的尴尬境地,使译者更加清醒地认识到自己的责任,从而以更高的质量完成翻译工作。

二、译者主体性

在分析译者主体性的问题时,我们首先要理解主体和主体性的内涵。主体是一个哲学概念,它与客体的概念相关,这对概念概括了人类一切活动的相对论关系,特定的相对性关系具有特定的主体和客体,主体与主体性是不可分割的。主体性是人作为主体的规定,不是把主体定义为人的规定。把主体定义为人的规定被称为人性,把人定义为主体的规定被称为主体性。主体性最根本的内容是人的实践能力和创造能力。简言之,就是人的主观能动性。因此,主体是人,而不是所有的人都是主体,只有具有实践和创造能力的人才能成为主体。

在具体的翻译活动中,翻译过程涉及客观世界(自然、社会、思想)、作者、原文、原文读者、译者、翻译过程、译文和译文读者八个因素。这些因素相互影响,形成一个复杂的体系。根据哲学对主体性的定义,人具有主观能动性和创造性,作者、译者和读者都有可能成为翻译过程中的主体。对于谁是翻译过程中的主体这一问题,翻译学界一直没有达成一致的意见。

杨武能(2020)认为文学翻译的主体是人,即作者、译者和读者。

许钧(2003)认为根据国内外现有的资料,这个问题的答案可以分为四类:只有译者是主体、译者与作者是主体、译者与读者是主体、作者、译者和读者都是主体。同时,许钧还区分了广义翻译主体和狭义翻译主体。前者是译者,后者包括作者、译者和读者。

查明建认为,谁是翻译主体性问题的答案取决于对翻译的理解。考虑到翻译活动的复杂性和各种因素之间的相关性,将作者、译者和读者同时作为主体更为合理。

考虑到翻译活动的复杂性,采用广义翻译与狭义翻译的区分概念更容易被接受。狭义翻译的主体是译者,广义翻译的主体是作者、译者和读者。目前,对翻译的定义还存在一些分歧,因此,不能简单地将翻译定义为译者将原文转化为译文的过程。翻译本身是一个复杂的过程,涉及各种社会文化因素。作者的感知、写作形式的确定、源文本的选择、语言的转换、读者的反馈是一个紧密相连的系统。在这一体系中,作者、译者和读者都有其特定的对象。

主体间性是指主体之间的相互作用,是人的主体性的重要组成部分。主体以主体间的形式呈现,主体间的本质是个体性,因此主体间是个体间的共存形式。具体到翻译活动中的主体间性,又有其自身的特点。

查明建(2003)认为,翻译既是作者主体性和译者主体性共存的场所,也是二者主体性间的互动方式。原文是作者与译者交流的机会和平台,译者与读者的关系必须由译者的读者意识来表现。

许钧(2003)从现代解释学的角度出发,对翻译活动进行了重新定位,将理解、解释和再创造活动纳入了翻译活动的循环中。在这个循环中,作者、译者和读者,各自保持着相对独立但相互影响的地位,相互制约,形成一个活动场域。在这一领域中,译者处于中心地位,作者、译者和读者之间进行着积极的交流。

从这些论述可以看出,两位学者都倾向于将翻译主体间性描述为作者、译者和读者之间的对话。学术界也有另一种观点,认为作者、译者和读者不可能进行对话,因为作者用文字形式固定了他对世界的感知之后,作者就完全脱离了文本。也就是说,一旦作者用文字固定了他的思想,作者思想的流通就消失了。因此,译者可以只与文本对话,而不是与作者对话。

我们认为,尽管作者、译者和读者处于不同的时空,但翻译活动将他们紧密地联系在一起。虽然文字逐渐超越了语言的意义,语言的流通可能随着文字形式的产生而消失,但文字包含着作者感知客观世界的核心思想,这是译者应该接受的信息,也是译者再创造的局限。通过这个过程,作者和译者完成了他们的交流。如果译者不能通过文本与作者进行交流,那么如何达到文化传播和思想交流的意义呢?毕竟文学活动的主体也是人,文学翻译的最终目的是影响人。没有作者主体性约束的文本也失去了存在的意义。

译者的主体性地位已经确定,有必要对译者的主体性进行界定。译者主体性一直没有一个固定的定义。许多学派或学者对译者主体性的概念进行了探讨。而另一些学者则在论述译者在翻译过程中的活动时,虽然没有对译者主体性进行明确的界定,但也谈到了译者主体性的问题。

方梦之(2004)认为,译者主体性是指译者在翻译过程中所表现出的本质特征,以及对原对象的动态操纵、对原文的转化、内在力量的外化等特征。它主要表现在原文的选择与解读、翻译方法的选择、表达方式的选择和翻译技巧四个方面。在尊重翻译对象的前提下,译者主体性表现为实现翻译目的而进行的一种主观能动性。其本质特征是翻译主体的自觉文化意识、人文性格和审美创造性。

许钧(2003)提出了译者主观意识的概念。它表现为译者在翻译过程中的自觉的个性意识和创造意识。这种意识是否存在或有多强烈,极大地影响着整个翻译过程,影响着翻译的最终结果或翻译作品的价值。

查明建(2003)对译者主体性的定义是:译者主体性是译者在尊重翻译对象的前提下,在整个翻译过程中所表现出来的主观能动性。它的本质特征包括译者自觉的文化意识、人文品格以及对文化和审美的创造态度。

虽然关于译者主体性的表述不尽相同,但我们可以归纳出译者主体性的一些特征:第一,它是译者的一种特殊的主观能动性,或者说是译者的一种积极态度;第二,它是译者的一种自觉,是对周围环境和自身经历的一种反映,是译者素质的一种本能反应;第三,译者的主体性表现为译者自觉的文化品格和审美创造力。

三、译者主体性在典籍翻译中的表现

在讨论了译者主体性的特征之后,我们从典籍翻译活动来看译者主体性的表现形式,以及译者主体性如何影响翻译过程。

在具体的翻译活动中,译者作为主体,以原文和译文为对象。因此,我们可以从这两个角度来分析译者的主体性。

首先,译者对原文的主体性首先表现在对原文的选择上。目的论认为,翻译是一种有目的的活动。既然是有目的的,那么译者就会对文本有选择的余地,即使在同一篇文本中,译者也会侧重于某些点,而忽略其他点。这些关注和忽视,显然都是主观主动的结果。

其次,存在一个翻译前的过程,在这个过程中,译者会学习和再现原文。而这一阶段的理解和解释是译者主体性被积极激发的阶段。乔治·斯坦因认为:"译者的第一步是'投入信念',相信 ST(source text)中有可以被理解的东西。"作为读者,译者必须调动自己的全部技能、情感、精神、美学和创作来填补原文的"不确定性"和"空白"。译者还必须与原文进行沟通,调整自己的前期建构,最终达到视域的融合,从而完成对原文内涵的建构。在接下来的翻译阶段,译者必须充分发挥自己的欣赏和敏锐的观察力,以探索和评价原文的深刻思想和意境。在这个过程中,译者的积极性得到了积极的发挥,同时译者的素质也面临着极大的考验。来华传教士最初选择儒家典籍作为翻译的文本,无不体现了这一主体性,他们认识到儒家思想对中国文化的影响,因而,为了尽快了解中国社会,首先选择儒学经典进行翻译,这也能够解释为什么《论语》持续受到译者的垂青。

比较而言,译者与译文之间的关系比译者与原文之间的关系更加自由。在翻译过程中,译者最关心的是能否达到自己的翻译目的。在进入语言转换阶段后,译者的主体性得到了极大地激发,因为译者必须用自己的感知再现原文的精髓和风味。这是整个翻译过程中最困难、最烦琐的部分,为译者提供了更大的创作空间。因此,这个阶段可以被认为是最有创意和意义的部分。

语言转换完成后,译者的主体性还体现在译文结构的重新安排上。

译者可以决定是保持原文的措辞和风格,还是对原文结构进行修改和重新安排;或者是将整个源文本呈现给目标文化,还是只选择其中最有效的部分。在这方面,译者有很大的空间可以发挥自己的主动性来决定如何对原文进行再创作。然而,由于出版和赞助等方面的要求,在这一阶段,译者主体性的作用似乎不像语言转换初期那么明显。正是由于译者在翻译过程中发挥主体性,同一典籍尤其是每一类型的几种代表性典籍译本呈现出多样化的特点。

如果跳出具体的翻译行为,把翻译看作一个从作者对客观世界的感知开始,到读者对译文的反馈结束的过程,译者的主体性以另一种形式发挥作用。

译者与作者同为翻译主体,相互影响。一方面,译者对作者的身份认同和作者的文化背景是译者对作者能动性的调动;另一方面,译者也受到作者对客观世界的感知的制约。从结果的角度看,作者产生原文,译者产生译文。因此,原文与译文具有同等的地位。原文是作者的产物,译者的主动性使译文具有了自己的"审美品格",并烙上了"目的语文化认同"。典籍翻译的最终目的是传播,从读者接受的角度来审视典籍翻译,一些"误读"就有其合理性。美国诗人庞德(Ezra Pound,1885—1972)是中国诗歌爱好者,著有《神州集》(Cathay),其中对中国诗歌有种种误解与误读,但庞德的努力引起美国诗坛对中国诗歌的兴趣,而且把中国文化传播到美国文化圈。

在译者与读者的主体间性中,译者的译者主体性主要表现为译者的"目的语文化意识"和"读者意识"。无论译者是将感知信息隐藏在译文的文字中,还是将其放在一个单独的段落中,其目的都只有一个,就是为了让读者体验和品味。译文在译入语中所达到的文化效果在很大程度上取决于译者对信息转换的形式和程度。同时,译者的"读者意识"还包括读者对译者客观性的认识。客观性是主观性的前提。客体的再现和情感都要遵循客观规律,尊重客体的约束。译者主体性主要包括译文的选择和译文的处理方法,它受到目的语读者接受程度的限制。此外,读者对译者翻译方法的接受程度也会影响译文的最终效果,如前所述,理雅各《中国经典》用词严谨,是研究型译本,而下一章介绍的辜鸿铭典籍译本则是普及型译本。

第五章 海外华人和本土译者译典籍

　　19世纪末20世纪初,随着清末有识之士"开眼看世界"的不断扩大与深化,海外华人和中国学者开始从事典籍外译。最早外译中华典籍的是辜鸿铭,民国时期参与人数逐渐增多,以林语堂和苏曼殊为代表。新中国成立后,由于种种原因,中西文化交流一度被迫中断。这段时期,杨宪益与戴乃迭夫妇开始从事典籍外译。20世纪末,中国政府启动《大中华文库》翻译工程,旨在弘扬中华文化,重塑国家形象。自此,中西文化交流进入到一个崭新的阶段,特别是2001年中国加入世界贸易组织以来,中国在政治、经济、文化方面的世界影响力逐步提升,在世界大舞台上发挥着积极的作用。当代译者及研究者均为典籍外译做出了突出贡献,如许渊冲、汪榕培等。

第一节 翻译家辜鸿铭

　　辜鸿铭(1857—1928)的一生可以概括为"生在南洋,学在西洋,婚在东洋,仕在北洋"。辜鸿铭出生在一个华侨家庭,父亲是中国人,会说闽南语、英语和马来语,母亲是欧洲人,这为他掌握外语打下了初步的基础。1870年,13岁的辜鸿铭被养父福布斯·布朗带到了欧洲。在养父的安排下,辜鸿铭接受了系统的西方教育。1873年,辜鸿铭考入英国爱丁堡大学,师从英国文学巨匠托马斯·卡莱尔,潜心钻研西方文学、宗教和社会科学,深受现代浪漫主义的影响。现代浪漫主义指19世纪初盛行于西方艺术领域的一种文化思潮,它在本质上否定了现代资本主义文明,痛斥资本主义社会在机械哲学和拜金主义思潮的影响下的庸俗生活方式、贫富悬殊、人性异化。辜鸿铭继承了西方一些著名浪漫主义者的思想和理念,如托马斯·卡莱尔、马修·阿诺德、拉尔夫·沃尔多·爱默生等,批判了资本主义社会发展导致的现代西方世界的精神危机、道德堕落和整个社会伦理的崩溃,赞扬古老的东方文明,特别是中国文化。同时,辜鸿铭也从这些浪漫主义者的作品中领略到中国传统文明。例如,卡莱尔认为"世界已经走上了错误的轨道……唯一指引人类的光是中国的民主"。爱默生也非常欣赏中国文明,他崇拜"孔子的道德法则",认为孔子是中国文化的象征,是全世界的荣耀。他甚至视孔子为"哲学视野中的华盛顿"。这些都鼓励辜鸿铭去研究和传播中国文化。辜鸿铭在国外生活多年,接受西方教育,具有一定的外语学习天赋,这为他取得英语语言硕士学位奠定了坚实的基础。

1880年,辜鸿铭回到故乡,起初他在新加坡的殖民地政府办公室工作。后来,他结识了博学的马建中。与其畅谈后,辜鸿铭对中国文化产生了浓厚的兴趣,并致力于研究中国经典著作。40年后,辜鸿铭谈到马建中对他一生的影响,他说:"与马建中见面……是我一生中最重要的事情,是他让我知道了什么是真正的中国人。虽然我在这里已经三年多了,但我对中国的思想和理念还没有深入的了解。"1884年,辜鸿铭在上海的《北国日报》上发表了著名的《中国学术》一文,简要介绍了19世纪以来汉学的发展,批评了西方汉学家对中国和中国文化的傲慢态度和研究的不足。1885年,辜鸿铭回到中国,担任实施新政的两广总督张之洞的私人翻译兼外交秘书。任职期间,他一边帮助张之洞统筹洋务,一边广泛阅读中国传统儒家著作,精研国学。1911年之后,辜鸿铭曾在北京大学任教,主讲英国文学,后又赴日本、中国台湾讲学,回国后,于1928年因病去世。

辜鸿铭精通英语,后又钻研国学,用英语写作传播中国思想与文化,著有英文作品《中国的牛津运动》《中国人的精神》等。此外,辜鸿铭翻译了"四书"中的三部为英文,即1898年《论语》(*The Discourse and Saying of Confucius*)、1906年《中庸》(*The Universal Order*, or *Conduct of Life*)及《大学》(*The Great Learning of Higher Education*)。

作为翻译家,辜鸿铭是第一个独立将儒家经典翻译成英文的中国人,他的翻译目的和翻译策略都值得考察。

翻译活动自古以来就在社会、政治或文学领域发挥着某些或某种功能。翻译目的在一定程度上决定了翻译文本的选择、翻译策略和翻译标准的设定。译者或翻译机构出于不同的目的，对不同的翻译材料进行选择，以实现其预期的功能。

中国近代译者大多出于向西方国家学习以拯救中国的目的，选择了实用文体如科技、制造类书籍。例如，康有为和梁启超都是维新派的代表人物，他们倾向翻译政治著作，严复开创了将西方社会科学书籍引进中国的先机。而辜鸿铭则选择将儒家经典翻译并介绍到西方。辜鸿铭认为之前传教士译本并不满意，在《论语》英译本序言中，辜鸿铭认为理雅各 "...raw literary training when he began his work, and the utter want of critical insight and literary perception...nothing more than a great Sinologue, a pundit with a very learned but dead knowledge of Chinese books."

尽管辜鸿铭所在时代的大多数人都认为中国的旧秩序正在消亡，但辜鸿铭并不这样认为，他认为中国的文明和社会秩序是一种道德文明和真正的社会秩序，是不会消亡的。基于上述原因，辜鸿铭试图让这本书（指《论语》）"通俗易懂"。辜鸿铭希望西方读者在阅读了他的译文后，能够"重新考虑他们迄今为止对中国人的看法，这样做不仅能够改变他们对中国人的先入为主的看法，而且能够改变他们作为个人和作为一个国家与中国人的个人和国家关系的态度"。

很明显，辜鸿铭翻译的初衷是试图重新翻译前人传教士不合格的儒家经典。其首要目的是改变中国和中国人在欧洲人心目中的尴尬形象，其终极目的是在世界范围内传播中国文化和文明，为中华民族赢得平等和尊重。

辜鸿铭以读者理解为导向的翻译观促使他在翻译中采取归化的翻译策略。在《论语》的序言中明确阐述了翻译策略与读者的关系。辜鸿铭认为，理雅各英译《论语》中所呈现的中国人的智力和道德对于一般的英语阅读者来说显得奇怪而怪诞，理雅各的翻译更多是为了学术界研读而非一般读者。因此，他希望他的《论语》——这本赋予中国人知识和道德外衣的小书——能够"为普通英语读者所接受"。抱着这样的目标，辜鸿铭在翻译中采用了归化的方法。可见，辜鸿铭的目标读者是那些受过普通教育的英语读者，这要求译者将原文的语言和思想地道地表达出来。只有普通英文读者在阅读儒家经典时不感到陌生和怪诞，儒家思想才能在西方世界传播。

出于这些考虑,辜鸿铭采用了许多西方的表达方式和思维方式。除此之外,辜鸿铭还引用了欧洲著名作家的名言,以吸引熟悉其作者的读者。为了吸引普通读者,减少陌生元素,辜鸿铭也采取了其他策略,如在翻译中去掉了所有的中文专有名词,并对中西文化进行了大量的比较,尽可能地消除英语读者的陌生感和独特性。

辜鸿铭以归化的策略把儒家经典译介到西方,他的译本成功地获得了西方人的认可,他的翻译活动有效地促进了近代历史上中西文化之间的交流。

清末至民国间,还有一些海外华人和中国学者对典籍外传做了许多贡献,代表性人物有林文庆等。林文庆(1869—1957),福建人,新加坡华侨,曾在英国学习医学,但对汉语也有较深的造诣,并熟谙闽、粤方言。他还精通马来语、泰米尔语、日语等,被誉为“语言天才”。在行医之余,林文庆积极热情地研究和传播中国传统文化。他的主要著作有英译《离骚》《从内部发生的中国危机》《儒教观点看世界大战》,编辑英文周刊《民族周刊》等。

第二节 “两脚踏中西文化”的林语堂

林语堂(1895—1976)出生在福建省龙溪一个幽静古朴的村庄里,父亲是牧师,笃信基督,儿时就被送往教会学校学习英语,超常的语言天赋,再加上浓厚的学习兴趣,林语堂的英语水平日有精进。1912年,他以优异的成绩考入上海圣约翰大学,研习文学,在读大学期间他更是不择粗细、博览群书,为日后的文学创作和翻译打下了坚实的基础。1919年,林语堂远涉重洋,到哈佛大学留学深造,攻读比较文学硕士学位,其后又转到德国莱比锡大学攻读语言学博士学位,学成后回国,在北京大学等国内有名望的几所大学任教。1936年后,林语堂定居美国30年从事写作,1966年回我国台湾,后在我国香港辞世。

林语堂对东西方生活有深刻的了解和丰富的生活经验,精通中英两种语言,一生大部分时间致力于汉英互译及双语写作。在他翻译生涯的早期,他致力于将西方文学作品介绍到中国,希望能够启发这个古老落后国家的人们。在 20 世纪二三十年代期间完成的翻译作品主要有 1928 年译《女人与知识》(*Women and Knowledge*),1929 年译《易卜生评传及情书》(*Biography of Ibsen and His Love Letter*)、《茶花女》(*Pygmalion*)等。

20 世纪 30 年代,随着工业化的迅速发展,美国人比以往任何时候都更渴望寻求内心的平静和满足,以抵御日益物质化的世界带来的不安。因此,弥补美国精神损失的书籍很受欢迎。在这种情况下,林语堂将工作重心调整为向西方读者介绍中国文化,特别是中国的传统典籍,以在西方世界传播中国文化,促进国家间的了解。20 世纪 30 至 60 年代期间林语堂将中国经典著作翻译成英文,向西方人展示古代中国的智慧,揭开这个古老民族脸上的神秘面纱。这一时期,他的代表英译主要有 1930 年将谢冰莹《女子从军记》译为 *Letters from a Chinese Amazon and Wartime Essays*,1936 年将刘鹗《老残游记第二集》译为 *A Nun of Taishan and Other Translations*,1939 年译沈复《浮生六记》为 *Six Chapters of a Floating Life*,1940 年译屠龙《冥寥子游》为 *The Travels of Mingliaotse* 等。所有这些中国作品都描述了中国人民在长期与世俗斗争中积累的经验教训,为美国读者提供了一种不同的生活视角,使他们避免陷入工业化社会中普遍存在的物质陷阱。在这些翻译作品中,最著名的是《浮生六记》。这部小说讲述了一对夫妇简单而美好的生活。吸引林语堂翻译成英文的原因是,女主角是“中国文学中最可爱的女人之一”“在这个简单的故事中,男女主人公追求美丽,过着贫穷和匮乏的生活,抓住每一刻的幸福,总是害怕上帝的嫉妒”。从这本书中,林语堂(1999)似乎从一对中国夫妇身上看到了中国生活方式的精髓,他发现了“中国文化中的精神、真、美和天才”。他说,“这是一个应该向世界介绍的故事”,通过生动的故事让西方读者深入了解中国文化的精神。

此外,林语堂用英语著述了一系列有关中国文化的作品并在美国出版其中包括:*My Country and My People*(《吾国与吾民》)(1935),*The Importance of Living*(《生活的艺术》)(1937),*The Wisdom of Confucius*(《孔子的智慧》)(1943),*The Wisdom of Laotse*(《老子的智慧》)(1948),*Famous Chinese Short Stories*(《英译重编传奇小说》)(1952),*Chuangtse*(《庄子》)(1957)等。《吾国与吾民》在美国受到欢迎,美国

著名作家范妮·布切尔(Fanny Butcher)在《芝加哥每日论坛报》上评论说："《吾国与吾民》是我所读过的对中国过去和现在最清晰、最深刻的剖析和综合。"林语堂在这部作品中所取得的成就促使他在随后的三十年里用英语写作,并将汉语翻译成英语。当时生活在高度工业化国家的西方人对东方哲学及其恬淡的生活态度有着极大的好奇和浓厚的兴趣,这对林语堂的文本选择产生了很大的影响。出于向西方世界介绍中国传统文化的智慧和他所认为的理想生活方式的动机,他翻译(改写或译写)了几部关于中国古代哲学家的经典著作。

林语堂出色的中英文功底和对中西文化的深刻洞察,助力他成为一名出色的翻译家。林语堂的成功翻译让读者能够更好地理解许多中国古典作品,这门晦涩的语言为更多的西方读者所理解和接触。虽然在他之前大部分作品都被翻译过,但林语堂的译本受欢迎程度更高。

在林语堂看来,翻译的目的除了重构中国人的思想外,还应集中在跨文化交流上。由于政治原因,当时的中国形象被扭曲和误解,导致中国的声音在世界上完全没有被听到,中国常常不被西方接受。让西方人了解中国思想与文化这一翻译目的决定了林语堂采用的翻译策略。

人们普遍认为,一名译者的语言特点和翻译策略可以在他的翻译作品中体现出来。通过考察林语堂的作品我们可以发现,无论是林语堂本人的著述作品,大部分和中国元素相关,还是他的翻译作品,实际上都具有翻译的性质。

根据劳伦斯·韦努蒂(Lawrence Venuti,1995)的观点,译者应该熟练掌握最常用的翻译策略,即异化和归化。异化翻译是一种以源语为导向的翻译,力图最大限度地保持原文的风味,使原文化中的异域风情得以完整地保存下来。而归化是一种以译语为导向的翻译,力求在目的语文化中传达易懂、亲切的表达方式,使译文为目标读者所理解。异化策略更多地体现了文化差异,将目标读者带入到异域文化中。相反,归化将文化差异减少到最低限度,以保持翻译文本的流畅和自然。为了满足目标读者对中国传统文化的期望,需要采用异化策略,但同时归化策略的使用也很必要,因为归化突出了翻译语言的流畅性和自然性。因此,这两种策略在翻译中发挥着同等重要的作用。在实践中,林语堂在向西方传播中国文化的过程中运用了这两种策略,既灵活又相辅相成,同时又达到了自己所倡导的"信、顺、美"的标准。来看下面的例子:

芸谓华夫人曰："今日真如渔父入桃源矣。"（沈复,1999）

林语堂译文为：

Now I really feel like the fisherman who went up to the Peach-Blossom Spring said Yun to Mrs. Hua.

译文随后加注解释"the Peach-Blossom Spring"：Reference to an idyllic retreat mentioned in an essay by T'ao Yuanming.

在上面的例子中,林语堂将"桃源"译为 the Peach-Blossom Spring,在中国文化中,"桃源"一词来源于著名诗人陶渊明的一个历史典故,指的是逃避世俗风浪的地方。在这里,英语读者在阅读这个文学典故时会感到困惑,因此,林语堂把它翻译成"桃花"源,让读者感受到中国文化的异域风情,同时,他还用脚注（田园诗般的隐逸）进行了解释,这样西方读者就更容易理解这个典故的含义。林语堂在这里有效而忠实地将原义转换成另一种语言。

我们再看《道德经》一译例,林语堂将《道德经》开篇："道可道,非常道；名可名,非常名。无,天地之始；有,名万物之母。故常无,欲以关其徼。此两者,同出而异名,同谓之玄。玄之又玄,众妙之门。"译为：

On the *Absolute Tao*

The *Tao* that can be told of

Is not the *Absolute Tao*；

The *Names* that can be given

Are not *Absolute Names*.

The Nameless is the origin of Heaven and Earth；

The Named is the Mother of All Things.

Therefore：

Oftentimes, one strips oneself of passion

In order to see the secret of life；

Oftentimes, one regards life with passion,

In order to see its manifest forms.

Are（in their nature）the same；

They are given different names

When they become manifest.

They may both be called the *Cosmic Mystery*：

Reaching from the Mystery into the Deeper Mystery

Is *the Gate to the Secret of All Life*.

译文随后加注解释"*Cosmic Mystery*"：Hsuan-This word is the equivalent of "mystic" and "mysticism". Taoism is also known as the Hsuanchiao, or "Mystic Religious".

以及对"妙"的进一步注解：Miao may also be translated as "Essence"; it means "the wonderful", the "ultimate", the "logically unknowable", the "quintessence", or "esoteric truth".

面对目标读者陌生词汇，林语堂巧妙地将"道""非常道""名""非常名""玄""玄妙之门"分别译为"Tao""Absolute Tao""Names""Absolute Names""Cosmic Mystery"和"the Gate to the Secret of All Life"，并且在文章的最后，对"玄"和"妙"做了进一步的解释，以保留原文的隐含意义。显然，林语堂将古典作品中的中国元素用清晰、流畅、简洁的语言表达出来，有助于读者轻松地欣赏中国文化。事实上，这种方法为读者提供了足够的空间去想象和体验源语的文化背景。

显然，林语堂采用了异化的翻译方法来寻找目的语中的惯用对等词。在他看来，翻译原则应以忠实为优先，既要传递原文的意义，又要传递原文的精神。这种做法有助于中国文化在西方世界的传播，因为西方世界的人对中国及其文化知之甚少。为了激发外国读者对中国文化的兴趣，林语堂有意识地在目的语中使用简单、清晰、易懂的表达。

在翻译实践中，译者不可避免地经常会遇到一些对目标读者来说完全陌生的文化专有信息，如有关计量、货币、时间等的词汇。实际上，林语堂提出的解决办法是运用文化换位的方法，即用目的语中功能对等的词语巧妙地减少目的语读者的理解障碍。实践证明，这样的方法对英语读者是有效的。我们来看下面《孔子的智慧》中的"故诗之失，愚：书之失，诬：乐之失，奢：易之失，烦：春秋之失，乱。"译为"The danger in the teaching of poetry is that the people remain ignorant, or too simple-hearted. *The danger in the teaching of* history is that the people may be filled with incorrect legends and stories of events. *The danger in the teaching of* music is that the people become crooked. The danger in the danger of li is that the rituals become too elaborated. And *the danger in the teaching of* spring and autumn is that the people get a sense of the prevailing moral chaos."

林语堂将"失"一词英译为"*The danger in the teaching of*"并反

复出现,实现了形式上和音律上的重复美,对应了原文的特点。在古代文化典籍中,"诗""书""礼""易"和"春秋"分别是五本书,都是中国古代经典中的精华。然而,由于外国读者对这些经典作品知之甚少,直译对他们没有吸引力。因此,林语堂用每本书的内容分别代表它们。至于最后一本书"春秋",他选择了一种音译的方式来翻译书名。他认为,外国的目标读者可能会对中国历史上的春秋时期有所了解,而"春秋"也是一本历史书。在很大程度上,他在向西方传播中国文化的过程中,既对译文负责,也对原文负责。

林语堂是一位杰出的翻译家,被誉为"文化传播的典范"。即使在今天,在中国也很难找到像林语堂那样向西方如此广泛和深入地介绍中国文化的人。在他所生活的时代,林语堂的翻译帮助重建了中国人的思想,改变了西方人对中国知之甚少或有误解地对中国和中国人的看法。他不遗余力地传播中国文化的独特之处,将中国古代古典哲学的精髓和精神传递给西方人。正是林语堂的翻译纠正和丰富了外国人对中国的理解。他在向世界传播中国文明和文学方面做出的巨大贡献,为西方人更多地了解中国打开了一扇门,为以后的翻译工作者特别是汉英翻译工作者树立了宝贵的榜样。

与林语堂同时代的其他学者也对典籍外译做出不少贡献。初大告(1898—1987),山东人,1934—1938年赴英国剑桥大学学习英国文学、语音学,后任教于西北大学和西北师范大学。主要译著有:《新定章句老子道德经》《中华隽词》《中国故事集》等英译本并在英国出版。另一位学者徐仲年也将中国典籍介绍到法国。徐仲年(1904—1981),1921年赴法勤工俭学,先后在里昂几所学校补习法文和拉丁文,1926年入里昂大学文学院,1930年以最优成绩获得里昂大学文学博士学位。其博士论文《李太白的时代、生平和著作》以及早期译作《子夜歌》15首诗,一度风靡巴黎文坛。后又入巴黎大学文科进修。旅居法国期间,曾发表大量各类法文学术著作,如《诗人杜甫》《红楼梦简介》《自居易研究》等,并翻译《杜甫诗选》《中国诗15首》。徐仲年第一个把鲁迅《呐喊》译成法文。1930年,徐仲年回国后,任上海国立劳动大学教授,兼图书馆馆长与出版科长。1931年,他为巴黎《新法兰西杂志》开辟并主持《中国文学》专栏,1933年在巴黎出版了《中国诗文选》。

第三节　中国本土学者译典籍

　　随着中外文化交流的进一步深化,20世纪70年代之后,中国越来越多的学者开始从事典籍外译。在国外出生并成长后来仍在外国或港台工作的海外华人,如刘殿爵先生等,或长期在国外学习或生活但是已经返回中国内地的海归学者,如许渊冲先生等,这些学者有较强的英汉双语能力,因而能够做到准确精练的翻译中国典籍。再有学者就是本土出生和成长、在内地接受教育并学习英语的中国人,如李天辰教授等,他们对中国传统文化有更加深刻的了解。这一时期的译者尝试为中国学者在中译外领域里争取话语权,目的并不在于要使西方读者觉得中国思想如何贴切于西方处境,如何迎合西方思维,而是在于要吸引西方读者通过阅读典籍去逐渐地了解中国文明这个不同的历史文化世界。

一、翻译家杨宪益

　　杨宪益(1915—2009),在天津出生长大,家境优渥,接受了系统的中西语言和文化教育。他对中国古代语言文学的狂热是从小养成的。在诗集《银翘集》的序言中,杨宪益提到了自己读书和写诗的经历,他很早就开始写古体诗,甚至还请了一位老先生教他唐诗和楚辞。青少年时期杨宪益也练习写对联,并且写得很好。据他的自传记载,高中时,他喜欢读汉魏古诗,他的诗歌甚至得到了中国著名的文学和文化学者吴宓的赞扬。杨宪益从小就对中国古代语言和文化形成了极大的热爱,这种热爱为他日后在翻译工作中的选择和策略奠定了基础。此外,杨宪益对西方文学文化也表现出了浓厚的兴趣。他在自传中曾回忆出国前已经学了一些英文散文段落和诗歌。

　　1934年,杨宪益赴牛津大学研习古希腊罗马文学及英国文学。在牛津大学的经历是他人生中另一个重要部分,他在牛津大学接触了更多的西方文学和文化,也在牛津大学遇到了他的意中人戴乃迭(Gladys Yang)。在国外生活期间,他接触了更多的外国作品,结交了很多好朋友。这一期间,他完成了中国古代著作中最重要的翻译之一——《楚辞选》。杨宪益在英国的经历为他后来的翻译工作奠定了重要基础,他能自然地表达外语,并对外国文化有很好的了解。杨宪益在国外的经历和他的婚姻,以及与夫人戴乃迭的合作翻译,可以说是两国两种文化结合的象征。

　　1940 年,回国后杨宪益在重庆大学等高校从事外语教学工作。1953 年,他开始和夫人戴乃迭合作翻译中国古典小说《魏晋南北朝小说选》《唐代传奇选》《宋明平话小说选》《聊斋选》、全本《儒林外史》、全本《红楼梦》(A Dream of Red Mansions) 等。上述各种译本尤其是《红楼梦》在国外皆获得好评,并有广泛影响。杨译本是《红楼梦》在中国大陆的第一个完整版本,如此伟大的成就值得我们的尊重和研究。杨宪益夫妇翻译的《红楼梦》是以介绍中国文化为主要目的,因此在翻译的策略选择上用异化比较多,以期外国读者能从译文中多了解中国文化。

　　1982 年,杨宪益发起并主持了外译“熊猫丛书”系列,旨在弥补西方对中国文学了解的空白,重新打开了中国文学对外沟通窗口。这套丛书杨氏夫妇翻译的有《诗经选》(Selections from the Book of Songs,1983 年出版,2004 年重译)、《聊斋故事选》(Selected Tales of Liaozhai,1981 年出版,1982 年、1984 年重译)、《老残游记》(The Travels of Lao Can,1981 年出版,1983 年、2005 年重译)、《三部古典小说节选》(Excerpts from Three Classical Chinese Novel,1981 年出版)、《唐宋诗文选》(Poetry and Prose of the Tang and Song,1984 年出版,1990 年重译)等中国古典文学经典,也翻译了《芙蓉镇》(A Small Town Called Hibiscus,1983 年出版,1985 年、1986 年、1997 年、2001 年重译)、《沈从文小说选》(Selected Stories by Shen Congwen,1999 年出版)等中国现当代文学作品。据统计,该系列共翻译中国古代文学 62 种,中国近代文学 3 种,中国现代文学 47 种,中国当代文学 49 种及少量外国文学。参与丛书翻译的译者还有许渊冲、王明杰等中国译者及葛浩文(Howard Goldblatt,1936—)等汉学家。

　　“熊猫丛书”系列在 20 世纪 90 年代达到了鼎盛时期,在国外的影响也比较大。译本已成为各国汉学家研究中国文学不可缺少的重要读物。

杨宪益夫妇用自己在中西方文化方面的博学,打通了英汉两种语言障碍,为将中国古典名著尽可能原汁原味地介绍到国外,做出了不可磨灭的贡献。从牛津到北京,从先秦文学到现当代文学,从编译馆到外文出版社,这对伉俪合译的中英文名著不下百余种,在中外文学史上极为罕见,堪称翻译工作者典范。

杨宪益也形成了自己的翻译思想,他视忠实为第一要义。他曾说:"我认为翻译的时候不能做过多的解释,译者应尽量忠实于原文的形象。既不要夸张,也不要夹带任何别的东西。当然,如果翻译中确实找不到等同的东西,那就肯定会牺牲一些原文的意思,但是过分强调创造性则是不对的。因为这样一来,就不是翻译,而是改写了。我们必须非常忠实于原文。"他强调的忠实是忠实于原文之意,是把原文的意义用另一种语言表达出来,尽可能使译出的意义接近原文。

杨宪益探讨了文学的可译性问题,他认为:"文学作品尤其是诗歌,能不能翻译成其他文字,而保留其神韵,的确是个难说的问题。"他指出了十个神韵的可译性问题,并指出了中外文化符号的不可移植性:"人类自从分成许多个国家和地区,形成不同文化和语言几千万年来,各个民族的文化积累形成各自不同的特点,各个民族对周围的看法又会有各自不同的联想,这往往是外国人难以理解的。"并举例说中国人提到杨柳就会想到离别,而外国人则会产生另一种感觉。

谈到诗歌翻译的形式与内容之间的关系时,杨宪益指出翻译外国文学作品为中文,有的译者在诗歌翻译的过程中,有时太注重原作的形式方面。我们如果一定要按照原文的格律,结果必然牺牲原文的内容,或者增字,或者减字,这是很不划算的。每国的文字不同,规律自然也不同。追求格律上的"信",必然造成内容上的不够信。从此可以看出,杨宪益先生在内容和形式的选择上,是视内容为首位、形式次之的。这也与他的"忠实"是一致的,即首先忠实于内容。我们以《红楼梦》中有名的诗词《葬花吟》的前两句的译文为例来加以分析杨先生是如何处理形式与内容之间的关系的。

花谢花飞花满天,红消香断有谁怜?

游丝软席飘香谢,落絮轻沾扑绣帘。

AS blossom fade a fly across the sky,

Who pities the faded red, the scent that has been?

Softly the gossamer floats over spring pavilions,

Gently the willow fluff wafts to the embroidered screen.

从诗歌形式的传达上来看,原诗一、二、四末尾押韵,韵脚皆是
"an",而杨译则是隔行押韵,对于两个"飞"字,杨宪益采用了"fade"和
"fly"两个头韵的词,可以说杨译在形式上不够重视。然而,任何事情都
是利弊并存的,对于形式的过于追求必然会对内容的传达上造成损害,
此谓"因韵害义"。我们现在看来,在内容的传达上,本诗中"花谢、红消、
游丝、落絮"这几个意象都是哀叹之物,见后令人伤怀,杨宪益对于这几
个意象的翻译为"blossom fade""the fade red""the grossamer""the
willow fluff",无论是内容的准确性,还是意象感情的传达都十分对应。
这也充分体现了杨宪益先生在处理诗歌翻译的形式与内容时,更加倾向
于内容的忠实传达。

在当代,也有数不胜数的翻译家为典籍翻译事业做出了巨大贡献,
如许渊冲、汪榕培、翁显良、顾正坤等。许渊冲曾获诺贝尔文学奖提名,
是首位获得"北极光"杰出文学翻译奖的亚洲翻译家。他从事文学翻译
工作 60 多年,曾将《诗经》《楚辞》、黄兴和毛主席的诗词等多首中国古
典诗歌翻译成英法两种语言。唐朝是中国最繁荣的时期,有许多诗歌创
作留世。许渊冲选择自己最喜欢的诗歌进行翻译,并将其翻译成《唐诗
三百首》,旨在让外国读者知道、了解、喜欢并享受唐诗。他不仅注重翻
译实践,而且注重翻译理论。他提出了"三美论":意美、音美、形美,即
把感官的美放在第一位,然后是音律的美,最后才是形式的美。在翻译
过程中,他力求做到三美合一。

二、以《大中华文库》为代表的典籍译介工程

随着中国综合国力的增强,提升文化软实力,扩大中国文化在世界
交流领域的话语权已上升为国家倡议。作为民族文化的集中展现,典籍
的对外译介也就成了"走出去"倡议实施的关键一环。从 20 世纪 90 年
代开始,我国推出了一系列中国文化外译工程。

1995 年,新闻出版批准《大中华文库》(汉英对照版,简称《文库》)
立项。《文库》计划从我国先秦至近代的各领域最具代表性著作选取
110 种,由专家学者和专业出版人士选题并校勘版本,先翻译为现代汉
语,再译为英语。《文库》几乎涵盖了中国 5000 年文化的精华,包括儒
家典籍、诸子百家、唐诗、宋词、戏曲、古典小说等 100 多种经典古籍。《文

库》出版质量优异，文化内涵深厚，已成为国家名片，在各种外事活动中，作为礼物赠送给外宾。同时，各国国家图书馆、大学图书馆都在积极收藏《文库》系列。

2007年，《文库》第二期工程即多语种版开始实施，出版汉法、汉西、汉阿、汉俄、汉德、汉日、汉韩的多语种对照版。经过近三十年的不懈努力，《文库》已成为规模庞大、具有系统性的典籍外译丛书。《文库》的启动与实施意义重大，首先开启了主动向国外译介中国古代文化，进而形成文化对话；其次，体现了出版界对我国改革开放以来图书引进与输出存在长期逆差而进行的一次主动求变；最后，力图向世界准确展示古代中国的面貌，进一步理解今天的中国。

然而，我们必须面对的事实是，虽然国家投入大量的人力、物力、财力助推典籍走出去，各译本在海外的传播和接受情况却不容乐观，可以说形式上"走出去"了，但实质上还未"走进去"。多位学者分别通过实地调查走访、图书馆数据库检索、学术引用频率调查、海外电商平台读者评价分析等方式，发现《文库》在海外图书市场的影响与效果并未达到预期，受众接受状况并不理想。《文库》如果不能打入海外图书市场的主流销售渠道，进入海外汉学家和普通读者的视野，其传播效果必然大打折扣，更谈不上能够实现"讲好中国故事""文明交流互鉴"的战略目标。

拉斯韦尔（Harold Dwight Lasswell）是传播学研究的代表人物之一，他提出了一个被广泛引用的模型——著名的"5W"传播模型，即描述交流行为的一个便捷的方式是回答以下问题：谁（Who）、说什么（Says What）、在哪个通道（In Which Channel）、给谁（To Whom）、有什么效果（With What Effect）。相应地，拉斯韦尔还提出了与前面提到的"5W"相对应的"五种分析"，即控制分析、内容分析、媒介分析、受众分析和效果分析，这五个分析是传播过程中必不可少的五个要素。

"谁"是指负责收集、处理和传递信息的传播者，既可以是个人，也可以是专门的团体或组织。"说什么"是指要传递的信息，是一组有意义的语言符号和非语言符号的组合。作为信息传播过程中不可或缺的中介或物质载体，"其中的渠道"既可以是电话、信件等人际渠道，也可以是报纸、电视、广播等大众媒体渠道。"给谁"是指信息的接受者或受众，包括读者、观众等。在整个传播过程中，它是最终的对象或目的。在对受众的影响方面，"什么样的影响"是指信息到达受众时，受众从认知、情感、态度、行为等方面的反应,是检验传播活动是否成功的重要尺度。

正如拉斯韦尔(2013)所说:"对交流过程的科学研究倾向于集中于这些问题中的一个或另一个。"具体来说,研究"谁"的学者们研究的是引发和指导交际行为的因素。该研究领域的分析被称为控制分析,旨在解释传播者与社会之间的关系,考察各种制度因素对传播者驱动的活动的实际影响。专注于"说什么"的专家属于内容分析,它包括三种基本形式:描述传播内容的趋势或特征、描述内容随传播趋势的变化以及比较不同样本的特征和风格。这种研究方法为研究人员分析传播信息所包含的具体内容和意义提供了更广阔的视野,从而对传播内容形成更系统的认识。专注于电话、广播、报刊等传播渠道的研究人员所进行的是媒体分析。媒介作为一种工具插入传播过程,以扩大信息传播。媒介分析可以帮助研究者揭示媒介对人类社会一般信息传播的影响。受众分析是指媒体所接触到的人群。从拉斯韦尔的观点来看,如果问题是对观众的影响,那么问题是效果分析。简单来说,受众分析一般集中在受众的特征、行为动机、价值和社会意义等方面,往往与效果分析密切相关。

拉斯韦尔"5W"模型的理论框架适用于《文库》对外传播研究。一方面,它包含了翻译过程中涉及的关键要素;另一方面,这一理论同时强调传播效果和受众,适用于比较和分析《文库》的传播与接受。更重要的是,作为传播学中不可或缺的模型和方法之一,拉斯韦尔的"5W"传播模型的应用,突破了传统的、局限的汉译英研究路径,即只注重语言层面的分析,而忽略了翻译过程中涉及的其他要素。翻译被认为是一个动态的、开放的信息传递过程,而不是只关注它的一个或几个方面。此外,通过这一全新的研究方法,旨在让西方读者更多地了解中国古代文化和社会,促进中国文化在国际上的传播。

根据"5W"传播模型,对应于控制分析,"谁"指的是发送者或传播者,他负责收集、处理和传递信息。在翻译研究中,"谁"有多重身份,既可以指原作者,也可以指译者。具体来说,是指源文本作者在源文本维度发生的传播过程中负责将信息发送给源文本的读者。说到译文,"谁"指的是译者,译者负责对原文进行解码,对译文进行编码,然后发送给目标读者。原文作者和译者在译文的传播过程中扮演着"谁"的角色。"谁"作为发信人是最重要、最具活力的元素,可以是个人,也可以是群体。他们通常被称为"看门人",指的是收集、组织、选择、处理和发送信息的发送者,信息被过滤和筛选,然后传输给一个或多个接收者。在翻译研究中,作者和译者可以充当把关人的角色,因为作者有权决定自己的作品中包含什么内容,而译者可以控制和调节翻译的内容和方式。《文库》传播中的"谁"主体是政府机构,政府机构作为发信人的优势在于能够短期内整合全国有效资源并提供专项资金。政府高度介入模式的不足在于熟悉海外图书市场、读者阅读喜好的国外出版机构无法参与出版过程,而我国出版社海外影响力和销售渠道比较薄弱,因而加强与国外出版机构合作,典籍外译"借船出海"能够结合二者之长,增强传播效果。

在传播学中,"说什么"指的是信息,它对应于内容分析。内容分析主要集中在原文和翻译策略两个方面。为了实现译文有效、成功地传播,翻译中对原文的选择和翻译策略的运用至关重要。《文库》倾注了译者大量心血,但谬误疏漏也的确存在。已有研究就《文库》的原文理解、表达错误、编辑体例等问题做过梳理。

传播渠道是向公众传递信息的载体,包括报刊、报纸、杂志、广播、电视、书籍、期刊等。传播渠道的效率对传播效果有很大的影响。在通过翻译输出中国典籍作品时,需要考虑翻译作品生产后的传播渠道。就目前形势而言,我国典籍"走出去"后的传播环境严峻复杂。由于意识形态的差别,西方媒体长期以来对我国形象进行污名化报道,政府力量主导的传播项目时常被视为"文化入侵"而遭到抵触。《文库》的翻译出版只是万里长征的第一步,还需要在传播手段上下功夫。比如,《文库》传播载体仅限于实体书籍,在数字阅读和有声读物已受到读者青睐的当下,载体显得单一。

"对谁"分析指的是受众分析。受众是传播的关键要素,受众的反应和反馈反映了整个传播过程的实际效果。在翻译过程中,"受众"是指译文的目标读者。目标读者在翻译过程中起着关键的作用,他们决定着翻译是否被接受,决定着交流是否成功。它是整个过程的终点。译者应深入了解译文读者的社会阶层、宗教信仰、受教育程度、职业、年龄、接受程度、审美喜好、期望视野等。不同类型的书有不同的读者。中国古典文学的读者主要分为专业读者和普通读者。中国典籍的主要读者群体是从事中国研究的汉学家、学者、研究人员等专业读者,以及对中国古代文化感兴趣的普通读者。《文库》已出版的近200种书目,几乎都是"严格意义上的翻译",即与原文高度忠实的全译本,目标读者为汉学家及研究人员,而面向普通读者的"宽泛意义上的翻译"译本则处于空缺状态。普通读者对中国文化尤其是中国古代文化了解极为有限,因而,我们可以采取更为通俗、易于理解也容易产生兴趣的传播方式。比如,以现有《文库》译本为核心文本,面向儿童读者推出插画版、故事版;对中国文化入门者设计保留核心内容的简译本;也可以通过改编影视作品、戏剧表演等方式辅助典籍传播。传播效果是衡量传播活动是否成功的关键。只要信息对接受信息的读者产生影响,传播过程就完成了,传播活动才是有效的传播。

《文库》项目实施三十年以来,尽管距离实现"讲好中国故事"这一战略目标仍是路漫漫,所幸的是,项目的编纂计划仍在持续进行中,考虑到"5W"模型中的因素,尤其是传播环境和读者因素的新理念和新策略将会继续加入项目的实施中。

第四节　典籍外译译者问题探讨

林语堂(1984)认为,一名合格的译者应具备以下三个条件:透彻理解原文;熟练掌握目标语言;接受过足够的翻译培训,对好的翻译标准和流程有适当的理解。简单地说,一名合格的译者应该精通原文和译文,并受过足够的翻译训练。

在林语堂看来,译者是翻译的核心因素,译者的翻译能力决定着作品的质量。如果翻译人员不称职,就无法保证优秀的翻译作品。一种语言包括对语言本身及其所承载的知识:对世界的知识,即本质意义和文化意义。关于透彻理解原文,阅读及理解能力尤为关键,林语堂(1994)曾经说过:"在学习一门外语的过程中,一个人即使再努力也不可能完全忘记母语。"从他自己的学习经历来看,他的学习理念是在《论阅读》的演讲中形成的,他在演讲中说:"教育机构只是鼓励学生为了学位或文凭而'阅读';读书的目的应该是获得启迪,获得心灵的知识和滋养;良好的中文是通过阅读《三国演义》《水浒传》等小说而不是课本获得的;读者要有自己独立的判断,敢于表达自己的判断。"这里的"阅读"

与"英语学习方法论"中的"阅读"并不完全相同,后者更像是一种习得语言的工具。显然,林语堂的译本之所以具有很高的可读性,是因为他对中国语言和文化的完美掌握。

关于良好的目标语言表达能力,林语堂认为,一名合格的译者必须精通目标语言,才能用目标语言清晰流畅地写作。在学习、研究和教授英语的过程中,林语堂对如何学习一门外语形成了系统的观点,这在《英语学习方法论》一书中得到了最好的阐述。在这些观点中,他强调词汇量的大小是最重要的,这是为了听起来自然;语法要举例学习,精读要强调,这有利于泛读。"根据我的经验,在这段时间里,我仍然没有轻易放过一个字。经过两年的广泛阅读,我形成了自己的阅读能力,这对我的写作很有帮助。"显然,译者对英语语言的熟练程度使林语堂在写作和翻译中能够流畅地表达。

至于接受过适当的翻译培训,林语堂提出自我更正的重要性,"翻译人员的翻译能力也是在勤奋的磨炼中建立起来的,他不时地想纠正自己的翻译"。在翻译《浮生六记》时,林语堂对手稿进行了十多次修改。他精通翻译,特别是汉译英。他提倡在翻译方面多练习。"翻译专业知识可以从一个人转移到另一个人,这是可以理解的。一些培训可能会为未来的翻译人员提供一种捷径,因为一些问题可能会被澄清,一些错误可能会被避免。"

自典籍外译并对外传播至今,早期译者身份多为基督教传教士,后来海外华人和中国本土译者也加入其中,海外的专业汉学家和中国文化爱好者也从事典籍翻译,及至《文库》的发行,以政府机构为主导的机构翻译也进入译者领域。已出版的译作中虽不乏经典,但也或多或少存在不令人满意之处。典籍翻译译者的最佳人选一直是典籍翻译实践和研究领域持续争论的话题,有观点认为,中国典籍的最佳译者只能是外国人,最好是专业的汉学家。如英国汉学家葛瑞汉(Angus Charles Graham,1919—1991)立足中国经典哲学,曾英译《庄子》《列子》及晚唐诗,说"在翻译上我们几乎不能放手给中国人,因为按照一般规律,翻译都是从外语译成母语,而不是从母语译成外语的,这一规律很少例外";瑞典汉学家马跃然(Goran Malmqvist,1924—2019)也认为"一个中国人,无论他的英文多么好,都不应该把中国文学作品翻译成英文"。而我国很多著名学者却持不同观点,他们认为,中国典籍外译译者应该是中国译者,如潘文国教授(2004)认为

"汉籍英译不是外国人的专利,中国学者和翻译工作者应该理直气壮地勇于承担这一工作"。还有相当一部分学者认为,典籍翻译的译者应为合作翻译。

汉学家作为译者熟悉中国典籍的历史和现状,了解外国读者的阅读需求和习惯。他们还善于与国际出版机构和学术研究人员进行沟通。谢天振(2014)认为,外国译者和汉学家可以帮助文学翻译,因为外国译者更了解外国读者的语言使用习惯、思维方式和独特的审美模式。此外,态度和价值观相似的人会相互吸引。汉学家和目标读者有着相似的价值观和审美标准。因此,汉学家翻译的典籍著作会更受欢迎。张西平(2015)认为,汉学家是主要的译者,因为他们的母语优势,第二语言学习者很难达到母语者的相同水平。

国内译者可以通过艰苦的努力来翻译中国典籍。潘文国指出,"翻译有语言、文学和文化三个层面。相对于前两个层次,中国译者在'外译汉'方面比在'汉译外'方面做得更好,因为中国译者很难通过第二语言学习达到与外国人相同的外语水平。在文化层面,无论是'汉译外'还是'外译汉',我们必须考虑社会改革和文明建设的需要,而不是地道的语言或高超的翻译技巧。"他呼吁中国译者在提高双语能力和文化意识的同时从事中国经典著作的翻译工作。另外,还有学者提出了"非母语翻译"。非母语译者对原文有深入的理解,是解决语言和文化差异导致的翻译不平衡的有效途径。国内译者应在中国文化和目标读者的接受度之间保持平衡。

还有一种观点主张采用合作翻译的模式,主译者可以是精通中英文、熟悉其他国家文化历史的中国译者。他们拥有传播中国文化的自主权利,以确保外国译者对中国文化的完整、系统和公正的评判。在这种情况下,中国译者可以翻译完整的经典作品,外国译者可以从语言用法和措辞方面对翻译后的作品进行润色与调整。翻译是一种跨文化交际活动,合作翻译不仅是一个良好的工作程序,而且是一个学习和提高的过程。从提高译者能力的角度,合作翻译在文化交流中很重要,历史文化语境与中国经典翻译作品的质量密切相关。罗选民(2012)认为,合作翻译可以保证中国典籍译文的忠实性和可读性。因此,中国经典的翻译文本可以融入西方学术和文化市场,并被广泛接受。

我们再来从译者的主观性格和客观能力两个方面论述了这一问题。译者的主观特征包括意识形态、世界观和宗教信仰。西方译者倾向于删除原文中与他们思维方式相冲突的意义。他们的世界观和对中国形成的印象会对翻译作品产生影响。国内译者具有强烈的文化认同感,了解中国文化。在译者主观性格方面,国内译者优于西方译者。译者的客观能力由两部分组成:第一部分是对原文字面意义和文化内涵的理解能力;第二部分是翻译作品的可读性。国内译者在第一部分比西方译者做得好,而西方译者在第二部分做得好。因此,合作翻译是传播中国文化的一个很好的选择。我们以汉学家和传教士翻译典籍为例,他们在学习古代汉语和欣赏某一时期的文化方面也有困难,在华传教士的翻译和写作,大多都得到中国文人的帮助。在外译汉时,中国文人的语言表达更地道,如英国传教士傅兰雅(John Fryer,1839—1928)曾汉译大量科技著作,他说:"将所欲译者,两人先熟览胸中而书理已明,则与华士同译,乃以西书之义,逐句读成华语,华士以笔述之;若有难言处,则与华士斟酌何法可明;若华士有不明之处,则讲明之。译后,华士将稿改正润色,会合于中国文法。"这种方法在用汉语著书时也同样被使用。艾略儒和杨廷筠合作出版《职方外纪》明刊本的署名是"西海艾略儒增译,东海杨廷筠汇记",此处值得一提的是,或许是杨廷筠的想法,这本书名值得琢磨。"职方氏"是周代官名,掌天下地图与四方职责。"职方外"则是要告诉中国人天下之外还有天,楼外有楼之意。此外,传教士与中国学者合作是因为要保证文法正确外,还因所译所写的书不少是科学和宗教的内容,这种知识对中国来说几乎是全新的,很难在中文中找到所对应的词,需要斟酌比较合适的汉文概念。如若没有中国学者的合作,这些工作几乎无法展开。现在我们来反观汉语典籍外译,以中国译者为主、外国译者为辅的模式应该是不二之选。

此外,翻译的本质目的是传播,有效传播的重要标准就是获得读者的认同。接受美学代表学者姚斯(Hans Robert Jauss,1921—)提出了"审美距离"的概念,用来描述人们阅读期望视野与新作品之间的不一致。读者对新作品的接受要么通过对熟悉经验的否定而导致视野的改变,要么将新经验提升到意识层面。在特定的历史时刻,一部文学作品可能会进一步满足、超越或反驳读者的期望。显然,这种方法为确定审美价值提供了一个标准。"审美距离"指的不是时间上的距离,而是期待的视野与新作品的不一致,不是历时性的,而是共时性的。期待的视界与原文之间的距离,先前的审美经验与水平变化之间的距离,都是新作品接受所需要的,并共同决定了文学作品的艺术特征。

　　审美效果与审美距离密切相关。当审美距离较小时,接受度不高,因为翻译作品没有创新,读者容易接受,无法获得审美享受;当审美距离适中时,接受度较好,因为译者留下了足够的空白和不确定性,译者可以填补审美空白,获得审美享受;当审美距离不断飙升时,审美效果却直线下降,因为译作的创新性太强,无法融合读者与译作之间的视界。在这种情况下,读者很难理解翻译作品,甚至拒绝它。因此,在翻译原作时,译者应采取适当的翻译策略,并充分注意适当的审美距离。只有这样,翻译的作品才能被读者接受,读者的期待视野才能更新。翻译是一个复杂的过程,而不是译者为了在翻译作品中再现原文而构建的简单的线性过程。在翻译过程中,译者经历了两次"视界融合",强调了接受者主观能动性在最终语篇体系中的中心地位。视界的第一次融合发生在译者通过自己的期待视界与原文进行交流时。视界的第二次融合发生在译者预设虚拟读者并预测读者与译作的交流时。因此,翻译作品的最终意义是原文本身的意义和接受者赋予的意义的总和。

　　读者是翻译的出发点和终结点,也就是说,读者是翻译作品的最终接受者。尽管读者的阅读反应会在翻译后介入,但这并不意味着译者不把目标读者考虑在内。相反,译者仍然需要事先考虑译文与目标读者之间的关系。这意味着译者在翻译过程中预设了目标读者及其审美兴趣和接受程度。目标读者是一个复杂的群体。他们的国家、年龄、性别、职业、经历都会影响翻译作品的接受程度。同一个读者在不同的时间和空间可能会有不同的心理状态和审美要求。它要求译者提前预测目标读者的期望范围。事实上,在实际的翻译过程中,译者已经把自己定位为目标读者中的一员。译者作为一个特殊的读者,不断地模拟翻译作品与目标读者之间的对话,选择合适的翻译策略,在一定阶段引起读者的相似反应。

　　综上所述,汉学家和中国译者各有所长,从实现读者视域融合的角度看,合作翻译的模式更具优势。合作翻译也有三种形式:第一种是中国译者为主翻译,汉学家润色;第二种是汉学家为主翻译,中国译者审阅润色;第三种是中国译者和汉学家各翻一部分,然而相互审阅润色。这三种结合的模式需要译者和审稿人之间的及时沟通,根据译文的受欢迎程度和目标读者的审美标准,组合方式可以有所不同。

第六章 典籍翻译研究的跨文化视角

第一节 典籍融入英语人才培养中的意义与作用

　　作为跨文化交际主体,研究者往往没有能力用英语较为准确地表达出中国历史文化的某些核心观念,这一现象被称为"中国文化失语症"(Chinese culture aphasia)。这也是目前许多中国学生在英语学习中所遇到的价值困惑。在全球化的时代背景下,英语创新教育要转变外语教育教学的观念,在英语文化传递时弘扬中国传统文化中的精华,融入典籍教学。典籍是古代思想与文化的文本载体,其价值历久而弥新。中华典籍是我们当代文化思考的基础和源泉,其开放性仍继续向后继者们提出问题并做出符合新时代精神需求的学习与诠释。当前英语仍是向世界传播中国文化的主要工具。然而在日益频繁的中外文化交流中隐含着交流的"逆差",即我国的古典书籍,翻译成外文的只有千分之二左右。文化"逆差"的一个直接后果就是外国人不了解中国,由此带来的负面影响不仅仅止于文化领域,更会辐射到政治、经济等多个层面。中国特色的英语教育只有在了解西方文化的基础上,对中国历史文化具有一定的认知水平,在充分认识到中西文化的差异性的同时,重视本土文化知识的语言输出,才能真正达到通过英语这个语言工具进行平等交流的最终目的。典籍外译是向世界介绍中国传统文化精髓的重要手段,因此在英语人才培养中融入传统典籍有着重要的意义与作用。

一、开设典籍翻译课程

英语教学作为沟通中外文化的一种形式,在某种意义上是对传统文化的一种超越,是在传统文化的基础上创造性地吸收外来文化的过程,以此培养大学生的创新性。开设典籍英译课程和推行典籍文本校园化是学习经典的一种有效方法,能够使优秀的中国传统文化实现其全球化利益,并培养中国大学生的经典文化意识,将经典的观念文化通过受教育过程而转化成为人与为学的思想理念,为人文理性培养带来深远的教益。典籍翻译的课程设置应让本科生从大学第一个学期开始就直接进入经典文本英译阅读,加强文化平等对话的自觉意识,成为能够传达中国声音的精英。从世界范围来看,重视经典教育,加强古典语言和古典文化的训练是当前许多国家进行基础教育课程改革的重要内容。

英语类专业学生开设典籍翻译课程的意义是毋庸置疑的。大学英语作为一门课程应该走向工具性与人文性的整合,大学生正处于重要的人格发展期和社会关系建立期,需要人文教育来帮助他们完善人格,发展个性,为他们立身、处世、做人提供基本准则,因而人文性功能则显得更为重要。中国传统文化的一大特色就是人文精神。作为中国文化传承与创新的重要阵地,今天所进行的大学英语素质教育改革可以向传统文化寻找智慧之光,尤其是典籍所具有的诸多优良品质恰能满足其需要。当然,典籍英译教学不是把这些典籍作为纯粹的客观知识来传授,而是从当代精神文明建设和英语教育的现状出发,着眼于文化重建和新型教育人才的素质,尤其是精神境界的培养,把英语作为文化载体,传承人类的文明和智慧。

此外,典籍融入大学英语教学可以提升学生的文化自觉。社会学家费孝通(1910—2005)认为文化自觉是对文化的自我觉醒、自我反思和理性审视,是指生活在一定文化历史圈子中的主体对自己的文化应该有自知之明,既清楚长处,也了解短处,同时也要了解和认识其他文化,处理好本土文化与外来文化的关系。通过典籍英译教学的实施,将民族文化的财富内化,转化为受教育者个体的精神财富,培养学生的文化发展和创新能力。

二、翻译教学中加强学生思辨能力的培养

作为一种思维方式,思辨(critical thinking)是复杂的高层次心理活动,是分析、推理、判断等思维活动。中西方学术界长久以来就有思辨的传统,《礼记·中庸》有云:"博学之,审问之,慎思之,明辨之,笃行之。"阐明了研究学问的几个递进的阶段:首先汲取广博的知识,进而通过思想活动来仔细考察、分析、做出判断,最后践履所学,做到"知行合一"。哈佛大学把"乐于发现和思辨"定为培养学生的目标之一。

现当代,不少高校也把思辨放在校训中,如中山大学校训"博学、审问、慎思、明辨、笃行",华南理工大学校训"博学慎思、明辨笃行"等。然而,早在1998年,外语教育界学者从长期的教学中发现外语专业的学生普遍存在"思辨缺席",即"遇到问题时,往往难以通过分析、比较、综合,做出判断,提出创造性的见解,去解决问题"。这一现象直到近些年才引起了外语教育界的广泛重视。研究者主要从思辨能力的具体分类、思辨能力测试的设计及思辨能力的培养等角度进行研究,对英语专业教学改革提出了宏观的指导性建议,"英语专业课程必须彻底改革""英语专业要摆脱目前在大学学科体系中的弱势地位……就必须以培养学生思辨能力为导向,全面推进课程设置、教学方法等方面的改革"。

(一)学生翻译能力"思辨缺席"的表现及成因

翻译是英语专业的一大核心课程,在扎实的语言基本功基础上,培养学生综合分析能力和创新能力,从而具有较高的翻译实践操作及翻译评析能力。但传统的翻译教学过于注重学生翻译技能的机械训练,忽视翻译过程的思维活动,致使学生的翻译思辨能力缺失。这主要表现在对英汉语差异在词汇、句式和语篇层面缺乏深入的认识,欧化汉语和中国式英语频繁出现;对中西方思维方式的不同没有全面的意识,因而无法在翻译过程实现思维模式的灵活转化;对译文的质量和审美缺乏一定的鉴赏和评判能力等。学生在翻译教学中的"思辨缺席"现象是由多种因素导致的。

首先是评价方式传统。传统英语教学中的测试环节在一定程度上扼杀了学生积极思考、提出问题、分析问题的能力。评价学生的尺度是

考卷的分数,从一开始就进入了一个死板的记忆与应试的循环中,使得常规的翻译教学中对学生的评价比较单一,即关注最终译文的优劣而忽视翻译过程的动态评估。

与传统的终结性评估相比,目前很多院校在考核学生方面增加了具有形成性评估特点的做法,也就是学生平时表现计入期末考核,占有一定比例。然而,由于课时少而班容量大,这样的考评几乎沦为形式。学生期末考核依然是传统的考试,即在特定的时间内完成数个题型。在指定时间完成一定量的翻译,鉴于翻译过程的创造性,这样的考核方式在很大程度上必定牺牲了学生的分析能力和创造能力。

另外,中西思维方式的差异也潜移默化地影响学生的思维习惯。西方文化注重对自然客体的观察与研究,思维以物本为出发点。而中国文化则关注人的感受,思维过程以人为中心来观察、分析、体验和研究事物。"西方人见长于分析和逻辑推理……而东方人长于整体式,他们富于想象和依靠直觉。"根据悟性、灵感和经验进行判断的中国式思维方式使得中国学生从整体上不喜欢质疑、提问和辩论,而更倾向于被动接受知识。

其次,翻译有限的课时数,大多数高校英语专业翻译课从第五、六学期开设,持续两个学期,有些院系会坚持开三个学期,每周2个课时。按每学期18周计算,这72个,个别院系108个课时还要包括英汉翻译和汉英翻译。这使得课时设置和翻译课庞大的教学内容不成正比。思辨能力的培养需要大量时间的投入,而有限的课时量显然不能满足。

从教材的选用上看,笔者选取了五本英语专业本科适用的翻译教材,通过对比发现,这些教材的内容设置都较为接近,先是介绍翻译的定义和标准,接着详细地列举常用的翻译技巧和方法,课后附有练习。传统的翻译课堂则沿用教材的设置,教师先讲解翻译的基本知识;接着是分章节陈述翻译的常用技巧;然后学生做练习,巩固翻译技巧;最后教师指出学生译文错误之处,给出"参考译文"。这样停留在字词、句法微观层面的教学方式让学生无法从宏观上分析把握翻译过程,无疑有碍于思辨能力的培养。

另外,翻译课教师"思辨缺席"也会影响学生思辨能力的培养。"翻译课教师应具备双语语言能力、翻译能力、翻译课堂教学能力和教学反思能力四种子能力。"其中,前两种能力是基础能力;翻译教学能力则要求翻译教师对教材内容合理取舍,把理论与实践有机结合;教学反思能力需要翻译教师对已发生的教学活动进行评价和思考，提高教学质量。这些具体的能力中无不包含对翻译教师思辨能力的要求。然而，各高校翻译教师是否具备上述能力却无从考究，更重要的是也缺乏相应的师资培训。

（二）翻译教学中思辨能力培养的对策

在翻译教学中，我们可以从以下几方面加强学生思辨能力的培养。

第一，在教材编排上向思辨倾斜。在英语专业低年级的教学中，翻译通常被视为一种教学方法，用来辅助提高学生"听说读写"等基本技能，而且大多是词汇层面的翻译，传统的教材设置也以语言技能训练为主。鉴于此，北京外国语大学的孙有中教授带领团队为英语专业一二年级总主编人文思辨系列教材：听力、口语、精读、写作，并于2015年陆续出版。这套教材的特色在于训练扎实语言基本功的同时，引导学生进行批判性思考。以精读课为例，每个单元设置一个话题，针对这一话题精选两篇观点对立或阐述角度不同的文章，带领学生多视角评价课文，通过分级的练习逐项培养思辨能力。

进入高年级后，独立的翻译课程目的在于训练学生的翻译技能。各高校在教材选用上自主性很强，有的院校根据自身特色自编教材。然而五花八门的翻译教材在编排上却大同小异：翻译知识点讲解附带例句佐证，每章节带有相应的翻译练习。这样的教材编排模式为灌输式课堂教学提供了温床。笔者建议，在常用翻译技巧讲解的基础上，翻译教材的编排增加分析阅读、辨析讨论等内容；课后练习的设计多样化，除专门翻译技巧训练外，适量递增分析性练习，如译本对比、翻译作品批评等。依据上述教材编排思路，外研社《实用英汉翻译教程》（申雨平等编著）值得借鉴与推广，以往的翻译教材大多从单项的翻译技巧入手，逐章讲解；而这本教程绕开单个的句子层面，以翻译实践中涉及因素较多的篇章为分析对象，然后在篇章语境中考量具体的翻译方法，每一单元都设有"分析阅读"环节，包含相应的问题供学生分析思考。总而言之，教材内容与练习的编排与设置能够有效地培养学生的思辨能力。

第二，思辨"进"课堂，运用相应测量指标，对我国外语专业学生思辨能力现状进行数据收集与分析，借鉴国外思辨能力研究的相关成果，文秋芳教授提出了思辨能力的"层级模型"，即思辨能力分为两个层次：

元思辨能力和思辨能力。前者是指学习者对自己的思辨计划、检查、调整与评估的技能；后者包括与认知相关的技能（分析、推理、评价）和标准，以及与思辨品质相关的情感特质（好奇、开放、自信、正直、坚毅等）。"层级模型"重点突出，可操作性强，为"思辨进课堂"的微观操作提供了理论依据。具体的做法有：

其一，营造思辨性的互动课堂氛围；经过不断的教学改革，传统的教师"一元权威"课堂已有所转变，以学生为主的课堂活动如讨论、学生展示、角色替换等经常出现在翻译课上。然而，这些课堂设计大多还只是停留在语言层面，很少触及学生思辨能力的培养。根据翻译课程的具体特点，我们可以设计以培养学生分析和判断能力为目的的课堂活动与练习形式。如多译本对比与评价，教师引导学生对经典作品的翻译提出不同看法，并陈述理由，继而对学生的课堂行为给予及时的反馈，使学生感受到思考带来的成就感和满足感，进而使他们的思维空间得到拓展。

其二，开展"思辨依托内容式"翻译教学；针对思辨能力培养的课堂教学可以独立设课，即专门设置思辨课程，系统地对学生进行思辨训练；也可以采取内容依托式教学，即在教授学科内容的同时，融入思辨训练。前者虽然能对学生进行专业系统的训练，然而需要大量的资源投入，加之目前高校大都面临压缩课时和学分的要求，因而不具备在实际教学中推行的条件。比较而言，将思辨培养与学科教学相结合的内容依托式教学可行性更高。

"思辨依托内容式"教学需要我们在翻译课堂上加大英汉语对比的深度与广度，字词句的差别是汉语重意合、重意境，英语重形合、重逻辑的外在体现，内在的因素则是东方人擅长总结而西方人长于分析的思维差异对语言潜在的影响，使学生不仅对语言现象而且对语言背后的思维差异有清醒的认识，以提高他们的转换意识，从而提高翻译能力。课堂练习可采取翻译小组的形式开展，个人翻译、组内互评改进、上交小组译文。对学生翻译能力的评价更关注过程而不仅是译文质量的高低，鼓励学生撰写翻译日志，记录翻译过程出现的难点及所采取的应对策略。小组合作翻译通过讨论可提高学生的分析判断能力，而翻译日志则帮助学生反思翻译过程。

其三，实践研究性的"教"与"学"的理念；作为一种教学理念，研究性教学是指"教师通过引发、促进、支持和指导学生的研究性学习活动,以完成教学目标。而学生根据自身的兴趣和特长选择一定的研究方向和课题,自主开展研究,在研究中获取知识和发展能力的学习过程"。因而授课教师自身是一名思辨者是培养学生思辨能力的前提之一。备课思路清晰,授课表达严谨,对所授翻译课程的理论和实践有自己的见解,及时回顾和反思课堂教学,形成研究成果。唯有教师不断加强理论学习,提高自身思辨能力,创新课堂教学,才能有效地培养出善于思考的学生。另外,翻译教师应不断更新英语学科性质的认识,过去英语被单纯地当作一种语言工具来交流信息,那么英语教育界把教学重点放在基本技能的训练上也情有可原。然而,英语是工具性与人文性并重的学科,"在学科分类上,应确定其属于人文学科"。 掌握听说读写译语言技能之外,英语专业的学生应具有"……积极进取、勇于探索、敢于创新的开拓精神"。

《论语·为政》中"学而不思则罔,思而不学则殆"辩证地指出了"学"与"思"的关系,思考"缺席"的学习只会迷惑不解,而脱离知识的思考未免流于空想;层级理论模型的元思辨能力也指学生对自我思辨能力的检测、评估与调整。然而,当下大学生抱着"功利"的学习目的,单纯地把英语当作工具,把翻译能力等同于翻译技巧的使用,认为翻译理论无用,排斥课后有关思辨的作业,完成质量差强人意。改善这种局面的措施之一就是要加强自主学习,首先要调动学生自主学习积极性,改变学生对英语学习片面的认识,从形成性评估手段的建立激发学生的学习动力;其次要创造自主学习的环境,借助现代教育手段,建立自主学习平台,如创建网络翻译工作坊,给学生提供自主学习的各种教学资源及指导等。

改善英语专业学生"思辨缺席"现状的改善不是一朝一夕之事,既涉及教育界顶层设计者"自上而下"宏观的课程设置、评价体系的改革,同时也与每位从业教师的教育理念及教学能力息息相关,关键是在微观上要渗透到每一节课堂中。课堂是教育改革的前沿阵地,教师是主导,学生是主体,只有在课堂上依托学科内容把教学和思辨能力的培养隐性结合起来才是解决学生"思辨缺席"的核心。

第二节　全球化视野下的典籍外译研究

随着世界不断"缩小",住在"地球村"上的居民可以方便地与其他文化群体的成员进行交流。交流的对象可能住在千里之外,也可能就住在隔壁。如果说早期的跨文化交流是为了拓展疆域或贸易所必需,那么,在当今社会科学领域,跨文化交流的研究,关系到人类物种的生存。随着经济全球化时代的到来,现代科学技术在各个领域广泛应用,世界各国不同文化之间的交流与合作不断增多。而遥感技术、光纤通信技术使信息畅通的大众传播成为可能。不同文化之间的交流突破了民族、地域和国家的限制,文化交流的速度也大大加快。此外,当代中西文化交流的内容不但涉及文学、戏剧、艺术、教育、旅游等方面的交流,还涉及深层次的哲学、宗教等方面的交流,交流形式既有政府间的交流,又有学术界、文化界以及民间的文化交流,文化交流范围之广、程度之深都是史无前例的。然而,一个可怕的悖论是我们显然比以往任何时候都更多地参与到彼此的生活中,来自更多文化的越来越多的人正在跨越差异进行交流和合作,但许多冲突的产生也是以文化差异的名义。

一、中西文化关系发展的阶段

以上各章我们梳理了典籍在西方传播的各个历史时期,从中我们可以发现中西文化交流中双方关系的变迁,对历史进行梳理,总结典籍传播宝贵的经验与教训,对今日崛起的中国,重新开启中国文化走出去有重要借鉴意义。

张西平(2015)认为,中西文化关系经历了三大阶段:相互仰慕文化的蜜月期;西方文化统治世界,中国文化追随西方的不平等时期;多元文化共存共生的平等对话期。

中国和欧洲处在欧亚大陆两端,中古时期的丝绸之路上,文化交流的层面仅停留在器物间互通有无。大航海时代,海路逐渐打通,西班牙和葡萄牙首先开启了全球化时代。随着航船而来的传教士开启了中国典籍西传的历史,从西班牙传教士高母羡(Juan Cobo)翻译《明心宝鉴》开始,到今天西方汉学家对中国典籍不断地翻译与出版,在中华文化西传的四百年间,我们可以大概看出传播的轨迹。这是一个从高到低又从低到高起伏的变化过程。

16—18世纪是中西文化关系的蜜月期,当时的中国富庶而强大,这个地位决定了西方对中国文化持一种热情的态度。在这200年间,以传教士为翻译主体,欧洲出版了上百部关于中国研究的各种书籍。当然,传教士们必然"加工"了中国典籍,尤其是在礼仪之争之后,为了传教事业,教派之争加剧了对翻译的影响,如第四章节所述长期存在的译名之争。这一时期,欧洲出现了对中国文化充满敬仰的"中国风"。

19—20世纪上半叶中西文化关系是不平等的,伴着工业革命的兴起与科学的进展,东西方关系从18世纪晚期到20世纪上半叶发生根本性逆转。亚洲除日本以外,其余国家基本已经被欧洲直接或间接控制。经济的强大与政治扩张使欧洲人对待中国文化再也没有谦卑的态度,西方就是一切。当时中国的知识分子也处在痛苦与矛盾之中,读西方书,到西方留学,学习西方成为挽救中国唯一的一条路。这一时期,典籍外译仍在进行,新教传教士和汉学家还在做着基础性的学术工作。这一时期的中西文化关系是不平等的,是主流文化与依存文化的关系。20世纪上半叶,西方在全球的影响达到顶端,为了生存,其余地区不得不模仿西方。

20世纪下半叶尤其是近30年以来,中国经济的崛起震撼了世界。中国经济的崛起势必带来文化的发展,必然对世界文化格局产生影响。继文化霸权主义和文化相对主义之后,倡导多元文化对话与共生已逐渐成为一致的呼声。多元文化论认为,文化差异是人类文化发展的基础,不同文化在本质上存在相通之处,能够通过对话来相互沟通和理解,从而达到不同文化之间相互吸收、促进、运用、再创造的"和而不同"的境界,形成良好的国际文化关系。因此,中西文化关系目前处在重要的调整期,一个文化共生的时代即将到来,中国文化和西方文化进行平等对话。

二、跨文化的角度看待典籍外译

一种文化能否在域外传播成功,实现文化的平等对话,取决于接受方的心态和传播者的心态。目前,中西文化关系处于调整期,西方的文化形态并未转变过来,对西方来说,认识到中国文化的本质特点,继承18世纪中国观的文化遗产,回到一个正常的文化形态,决定着中国文化在西方的传播能够实现平等对话,彰显其文化意义。另外,传播者对自己文化的理解和解释也影响文化传播的成功与否。文化自觉和自信表现在两个方面:一是始终对自身文化保持清醒的认识,不断自省,使文化的主流和底色凸显出来,成为民族文化的优秀传统;二是在心态上必须对自己的历史文化敬重,将自身文化作为文化大国崛起的基础。下面我们从典籍翻译的主体和如何看待翻译中的误读来分析。

从典籍西译的历史看,译者的主体开始是传教士,后来是汉学家,之后中国学者也加入这一行列。目前在中国文化走出去的实践中,翻译主体究竟该如何看待,这一问题在第五章已有所论述。我们需要注意的是典籍外译的根本目的是传播,我们必须考察译本在传播目的地的销量和接受度,也就是说,于典籍翻译而言,实现了译本"走出去",但我们更要考虑如何"走进去"。

"误读"是翻译中的常态。邹蔚苓(2021)认为,在作品被翻译的过程中,使用一种文化阐释另一种文化时,难免会出现一些"错误"理解而产生误读。误读可理解为一种文化解析异文化时出现的错误理解或评估。误读有两种类型,即有意识的和无意识的误读。无意识误读是指翻译过程中,译者由于粗心大意或文化差异而产生错误理解。有意识误读指译者因为自身的文化背景、宗教背景或根据自身翻译目的等进行的误读。翻译是一种受多种因素制约的社会活动。为了迎合译入语文化的政治潮流、社会习俗、宗教信仰、伦理道德标准、审美价值以及"期望视野",译者往往会对原文中的原始形象进行改造或替换。

"偏见"这一跨文化交际中的概念为误读的正当性奠定了理论基础,无论是哲学还是文化角度,都强调历史和个人生活经验在解读过程中的作用。由于文化差异揭示了误读的客观上的可能性,性别、习俗、阶层、地域、种族、民族等因素都是导致文化误读的因素。理解与历史有关,如时代精神、传统、社会道德等。由于对文本的每一次解读都是其历史背景的一部分,因此没有一种解读能对文本提供确定的或最终的解释;任何文本的意义都是文化上可变的,是作者和解释者的历史背景的功能,在诠释经典作品时尤其如此。历史解读的目的不仅是把它作为作品所属的过去世界,它更强调作品在读者所属时代的意义,即经典作品对我们的世界有何意义。

从另一角度看,译本一旦被翻译成不同的语言,它就成为译入语文学的一部分,而译本只有在符合译入语文化时,才能获得新的生命力。《论语·公冶长》中有,"子曰:由也,好勇过我,无所取材。"朱熹注解为"不能裁度事理"。庞德根据自己的"注视字本身"方法,从"材"字看到"一棵树加半棵树",译为"Yu likes danger more than I do, But he wouldn't bother about getting the logs."(于比我喜欢危险,但他不屑去取树木)。这样的译文,谈不上忠实,但庞德的译文在美国和西方产生了影响。有时候,拙劣的译文,反倒意外地产生极大的影响,正是迎合了译入语文化的阅读需求。

对译本的考察有三个层面:语言层面、文学层面和文化层面。对译者来说,无意误读往往是不合理的,应尽力加以避免;但有意误读,尤其是文学层面和文化层面的误读,则应该以宽容的态度对待。

"诗无达诂,文无达诠",典籍外译不能仅从是否忠实的角度来判断其价值,也不能从语言与文字之间的转换,来理解译本的文化意义。翻译本身就是中国文化与西方文化之间通过译者的一种交流,这也是为什么译本呈现出多样化的特点。

当前,经济进入全球化时代,文化交流进入转型期,时有摩擦发生,对中国的文化建设而言,既是难得的机遇,更是严峻的挑战。中西文化交流为中国的文化提供了广阔的视野,使中国文化得以不断借鉴西方的思想和经验,实现自身的完善和发展。另外,西方凭借着其强大的文化实力,正在全球范围内进行文化渗透,中国的主流文化受到排挤,对当今的文化建设来说是一个巨大的挑战。在这种形势下,要实现多元文化共存,平等对话,这就要求我们要在构建"走出去"新型文化上下功夫,增强文化自觉与文化自信,大力宣传和弘扬以典籍为代表的中国传统文化。

第七章 典籍翻译研究述评(上)

中外交流源远流长,然而早期交流多停留在器物层面,典籍西行相对较晚。最早西译典籍的是传教士,从 7 世纪景教徒来华到 13 世纪元朝也里可温教再度来华,这期间传教士未留下多少印记;直至 16 世纪末欧洲耶稣会士来华,传教士不仅人数多,而且有大批著述或者典籍翻译传于后世。

毫无疑问,传教士来华的根本目的是传教,他们通过翻译西方科技书籍打开传教之门,做了大量的地图测绘和天文观察工作,并在数学、物理、医学、语言学等领域开展诸多研究并写作出版著作,这些著述为后来专门的汉学研究奠定了重要基础。其间,传教士还把汉语典籍翻译成欧洲各种语言。就典籍主题而言,19 世纪以前传教士所译主要是"四书""五经",另有少量历史、文学、地理、科学等方面著述。这些早期以拉丁语为目的语的汉语典籍,有些不久之后就被转译为英语,扩大了汉语典籍的传播范围。随着 19 世纪新教传教士来华,中华典籍西译进入一个全新的历史时期,在世界范围内得到了更广泛的传播。19、20 世纪之交,中国学者开始独立外译中华典籍,辜鸿铭开启了中国人译中国文化典籍的大幕。自此,典籍外译的译者不再由传教士和汉学家所垄断。20 世纪初,更多中国学者参与典籍外译,翻译数量较多的有民国时期的林语堂、苏曼殊等;中华人民共和国成立之后,初大告、杨宪益夫妇以及当代的许渊冲、汪榕培等。20 世纪末,随着《文库》工程的启动,典籍外译的模式上升为"国家机构模式"。

典籍西行已逾 400 年,译本众多,对典籍翻译的研究成果颇丰,国内外典籍外译研究发表了大量的研究论文,也出版了一定数量的学术专著,涉及各个层面。总体来说,翻译研究可分为内部研究和外部研究,或者称狭义研究和广义研究。前者指制约翻译的内部因素,研究可围绕作者、译者、读者、原文文本和译文文本之间关系展开；后者指影响翻译的外部环境，即权力关系、意识形态、社会、历史、文化等，研究可从这些角度对翻译的作用着手。对于不同的翻译活动既要区别对待，又要寻找共性。翻译研究需要从内部延伸到外部，还需要从外部反观内部，进行循环探讨，以此获得新的生机，用以指导翻译实践。基于此，我们可以将典籍外译的研究对象做以下分类：语言学视角的典籍翻译研究、典籍翻译的文化思辨研究和典籍翻译的定量研究——均属于翻译的内部研究，而文化制约以及文化传播和影响研究属于翻译的外部研究。具体而言，典籍翻译内部因素包含原文、现代汉语翻译、注解、注释、现代目的语译文，原文作者、现代汉语译者、现代目的语译者、译文读者。外部因素包含翻译活动的赞助者、传播环境的意识形态、权力关系、诗学等。内部研究和外部研究的划分正是基于语言与文化的密切关系。

第一节　语言与文化的关系

文化和语言相互交织、相互影响，二者是不可分开的。语言不仅是不带感情色彩的代码和语法规则，每当选择单词、造句、口头或书面传递信息时，人们也在做出文化上的选择。大家都同意语言有助于与来自不同背景的人之间的交流，然而我们可能很少意识到文化素养对于理解所使用的语言也是必要的。如果在没有意识到文化含义的情况下使用语言，交流者便不能很好地沟通，甚至传递错误的信息。

一、语言意义与文化环境

在自己的文化环境中，人们可以意识到这些选择的影响。例如，如果美国人说"How are you?"的时候，其他美国人会把这个短语当作"Hello"，相当于德语的"Guten Tag"、法语的"Bonjour"或日语的"おはようございます"，而不是字面意思。一个在美国的外国人，如果知道一些英语，但不熟悉英语的文化和用法，他可能会认为这个短语有完全不同的意思，更倾向于按字面意思来解释它。

所有语言中的提问要么是社交需要，要么是获取信息需要。社交提问，即使它以问题的形式出现，也不要求被问者提供信息，它只是推动对话向前的润滑剂。在美式英语中，"How are you?"是一个社交提问，然而在许多其他国家，如德国、俄罗斯和波兰，"How are you?"是一个信息类问题。说话者实际上想要得到问题的答案。在日本，"你要去哪里？"是一个社交问句，同样的问题在美式英语中是一个信息提问。美国人可能会觉得日本人的问题很冒昧，不知道该怎么回答，其实简单的"去那边"就可以了。

二、语言意义与文化价值

除了环境，语言也反映了文化价值。例如，爱德华·霍尔（Edward Hall）指出，纳瓦霍人（Navajo，美国南部印第安人）没有表示"晚"的词，时间在纳瓦霍人的生活中并不重要。纳瓦霍人认为做任何事情都有一个时间，一个自然的时间，而不是工业国家使用的人造时钟时间。因此，纳瓦霍人没有美国人所拥有的与时间和时钟有关的有区别地词汇。时间和时间的流逝是人无法控制的，因此一个人不应该担心浪费时间和设置时间表。

与来自其他文化背景的人打交道的一个难题是，翻译一种外语和文化时，人们总是倾向于选择那些符合自己优先考虑的词语。例如，美国商人通常对西班牙语国家的"manana"（tomorrow 明天）心态感到沮丧："他们说明天，但他们不是这个意思。"对美国人来说，明天意味着这个午夜到下一个午夜，是一个非常精确的时间段。对墨西哥人来说，manana 的意思是未来，很快。一个墨西哥商人和一个美国人谈话时可能会使用"明天"这个词，但他并不知道或无意知道这个词的确切含义。这个模糊的术语对于强调效率的美国人来说不够精确。为了有效地交流概念，文化知识和语言知识同样重要。例如，法国人和美国人都使用"force majeure"（不可抗力）这个词语，但这个短语的含义却不相同。从字面上看，这个词的意思是"优越或不可抗拒的力量"。在美国法律语言中，它通常是指自然力量或是战争。在欧洲法律中，这个术语的含义更为广泛：它包括起草合同时没有预料到的经济条件或其他情况的变化。这意味着，当美国人与欧洲人达成协议，讨论不可预见的情况，并使用"不可抗力"一词时,需要澄清它们的意思,并详细说明这个术语的范围。

三、语言意义的变迁

语言是有生命力的,它会随着时间而改变。在一段时间内经常使用的单词和短语可能会停止使用,或者其含义可能会随着时间的推移而改变。例如,"gay"这个词的意思是快乐、轻松的。然而,近几十年来,这个词有了同性恋的意思。因此,在新西兰、加拿大、澳大利亚、英国和美国等国家,说英语的人不再使用原义,年轻人甚至可能不熟悉它的传统意义。

跨文化和跨语言交流困难重重。即使两个来自不同文化背景的人使用同一种语言交流,也可能误解文化信号,造成混乱和误解。例如,美国学生经常抱怨他们听不懂外国教授的话。究其原因问题不在于语言本身,而在于不同的语调模式和文化信号。学生怀着一定的期望听课,如果老师的声音变低了,学生们会认为这是一个委婉的话题终结信号,"我受够了这个想法",而老师可能并没有这样的意思。学生根据这些语调信号调整他们对讲座的理解,从而误解了教师的意图。如果学生没有意识到文化问题,那么他们很可能会认为问题是语言问题,而不是文化问题。

四、语言与思维

"萨丕尔—沃尔夫假说"的基本观点认为,语言是"社会现实"的向导。虽然语言通常不被认为是社会科学学生的根本兴趣所在,但语言有力地影响着我们对社会问题和社会进程的所有思考。人类并不是单独生活在客观世界中,也不是像通常所理解的那样单独生活在社会活动的世界中,而是在很大程度上受已成为社会表达媒介的特定语言的支配。事实是,"现实世界"在很大程度上是无意识地建立在群体的语言习惯之上的,没有两种足够相似的语言,可以代表相同的社会现实。不同社会生活的世界是截然不同的世界,而不仅仅是贴上不同标签的同一个世界。

例如，对一首简单的诗的理解，不仅包括对单个词的一般意义的理解，而且还包括对这些词引申意义及词中反映出来的整个社会生活的充分理解。即使是相对简单的感知行为，也比我们想象得更容易受到被称为语言的社会模式的支配。例如，如果一个人画了几十条不同形状的线，他会认为它们可以分为"直的""弯的""弯曲的""之字形"等类别，因为这些语言术语本身具有分类暗示性。我们所看到的、听到的和体验到的在很大程度上与我们所做的相似，因为我们所在群体的语言习惯预先决定了解释选择倾向性。

由此可见，语言是形式，文化是内容，语言是文化传播文化的工具。思维是通过语言对客观世界间接的和概括的反映。语言是一个民族文化表现与承载形式，要了解该民族文化必须了解其语言。

第二节　典籍外译中的汉语学习与传播及研究

在文化中，语言几乎无处不在，任何沉浸在特定文化中的人都能看到和听到周围的语言。在这种背景下，语言和文化明显融合在一起，正如硬币的两面，一面反映另一面。显而易见，语言体现了一种文化的产品、观点、群体和人。要充分揭示某种文化，我们必须考察语言。语言是文化的产物，但它也起着独特的作用。属于特定文化的成员创造了语言来进行所有的文化实践，来识别和组织文化产品，并在所有不同的社区中命名潜在的文化观点，这些文化观点与他们的文化相一致。语言的词语、表达、结构和文本反映了文化，就像文化产品和实践反映了语言一样。因此，语言是文化的窗口。

为了实践特定文化，我们还需要语言来表达自己，并与身处该文化的成员交流。此外，我们需要根据该文化成员的期望，以正确的方式并使用正确的语言来恰当地进行沟通，这是自我表达、交流和社会互动的语言。它是基于对该文化的直接经验、与该文化成员的互动，以及由此带来的复杂性。

一、传教士的汉语学习

文化包含语言,语言反映文化。语言文化交流的桥梁,是传教士布道的基础,早期来华传教士来到中国第一件事情就是学习汉语。当意大利耶稣会士罗明坚(Michel Ruggieri, 1543— 1607)在澳门写出第一个汉字时,西方人的汉语学习就拉开了帷幕。《天主教十六世纪在华传教志》记载罗明坚曾在一封信中描写初学汉语的困难:"……令我学习中国的语言文字,在'念''写''说'三方面平行进展。我接到命令以后立即尽力奉行。但是中国的语言文字不但和我国的不一样,和世界上任何国家的语言文字都不一样,没有字母,没有一定的字数,并且一字有一字的意思。就算是中国人要想学会念他们的书也必须费尽十五年的苦功夫。我第一次念的时候,实在觉得难念,但是由于听命旨意,我要尽力遵行这件命令……"罗明坚最初学习汉字的方法就是采取幼儿学习时的看图识字法,几个月后,便能认识几千汉字,初步可以读中国书籍,三年多以后开始用中文写作。罗明坚学习汉语的目的是传教,希望将来能为天主服务,使真理之光照耀这个庞大的民族。事实上,罗明坚不断提高的汉语能力极大地推动了传教事业,他在澳门建立了"经言学校",开始用中文向在澳门的中国人宣教。罗明坚娴熟的中文能力也直接促成了他和利玛窦 1583 年进入中国内地居住。与此同时,为帮助入华传教士学习汉语,罗明坚和利玛窦还编写了《葡汉辞典》(*Portuguese-Chinese Dictionary*),该词典收录葡语词汇约 6000 余条,汉语字词5000 多条。尽管比较粗糙,但后来传教士沿着罗明坚、利玛窦所确立的方向不断努力,编纂了一大批双语,甚至多语词典。到 1586 年,他已经对中国文化有了比较深入的了解,自称"我们已被视为中国人了"。之后,为促使罗马教廷和明朝政府之间的正式遣使交往,罗明坚返回欧洲,在欧期间,罗明坚将儒学典籍《大学》译成拉丁文并公开出版。

罗明坚和利玛窦的汉语学习所达到的程度十分惊人,他们可以用中文熟练地写作,《圣教天主实录》就是罗明坚的中文代表著作。此外,罗明坚也尝试写中文诗,现有几十首中文诗留存,这里列举二首:

度梅岭
乍等岭表插天高,因见梅关地位豪。
今日游僧经此过,喜沾化雨湿长袍。

游到杭州府

不殚驱驰万里程,云游浙省到杭城。

卸经万卷为何事? 只为传扬天主名。

再来看利玛窦的中文写作,他在《交友论》的序中写道:"窦自最西航海入中华,仰大明天子之文德,古先王之遗教,卜室岭表,星霜亦屡易矣,今年春时,度岭浮江,抵于金陵,观上国之光,沾沾自喜,以为庶几不负此游也。远览未周,返棹至豫章,停舟南浦,纵目西山,玩奇挹秀,计此地为至人渊薮也,低回留之不能去。"用词典雅,句法流畅。

"礼仪之争"以后清政府对天主教在华的传播控制日益严厉,天主教在中国的发展日趋式微,入华传教士的汉语学习也暂告一段落。当英国的大炮轰塌虎门的炮台,中西关系扭转为另一种形态,西方人的汉语学习也进入了第二个高潮,表现出了新的特点。

其一,通过创办学校,推进汉语学习。

1818 年马礼逊在马六甲创办了英华书院(后迁入中国香港,并更名为英华神学院),目的之一就是"欧人学习中国语言及中国文字"。英国伦敦会传教士柯大卫(David Collie , ?—1828),来华后曾跟马礼逊学习中文,他也是英华书院第三任院长,第一个将"四书"译为英语,并于1828 年在马六甲出版《四书译注》。

其二,编辑汉语学习教材与词典。

马礼逊在华十几年时间编写,1823 年全部出版的《华英字典》(*Dictionary of the Chinese Language*, *in Three Parts. Part First*, Containing Chinese and English Arranged According to the Keys; Part Second, Chinese and English Arranged Alphabetically; And Part Third, Containing of English and Chinese)是第一部公开出版的英汉对照双语字典,共 3 部 6 卷。该字典的一个特点是每个单字头下收集了大量的与该单字头直接或间接相关的文化信息,释义例句涉及中国哲学宗教、典章制度、文学史学、天文地理、民俗风情、俗语俚语用法等广博的内容,对西方人学习汉语产生了重要的影响。马礼逊之后,被誉为 19 世纪英国汉学奠基人之一的传教士麦都思 1828 年出版了《中文课本》(*Chinese School Book*)。除了编辑大量的西文、汉字辞典,传教士在研究汉语语法方面完成了许多开创性的工作,如 1815 年马礼逊出版了英文版的《汉语语法》(*A Grammar of the Chinese Language*),美国驻华公使及公理会传教士卫三畏(Samuel Wells Williams,1812—1884)编著的汉语工具书籍有《简易汉语教程》和《汉语拼音字典》,成为后来新教入华传教士的汉语学习必读书。其他研究中文语法的还有美国浸信会传教士晏马太(Rev. Matthew Tyson)等。

其三,通过著书与译书,用中文著作宣传西方文化。

早期入华传教士已有不少中文译著与著作,新教传教士在这方面远超前辈。熊月之先生认为晚清时期,已有西方语言翻译、著书出版机构约有100多家,然而无论是教会、清政府官办还是民间商办的出版机构,译书和著书的主角都是基督教新教传教士。

此外,新教传教士还通过创办中文报刊来宣传西方思想。

1815年,米怜(William Milne,1785—1822)在马六甲创办的《察世俗每月统纪传》(*Chinese Monthly Magazine*)是最早以华人为发行对象的中文刊物。这份月刊的主要内容是宗教宣传,介绍基督教的教义,小部分篇幅是新闻和新知识,介绍世界历史、自然科学方面的内容。1833年,普鲁士传教士郭实腊,也译作郭士立(Karl Friedrich August Gutzlaff,1803—1851)在广州创办《东西洋考每月统记传》(*Eastern Western Monthly Magazine*),或是因为在中国境内出版,这份刊物淡化宗教性质,文字通俗,文风简短,办刊目的是"它的出版意图,就是要使中国人认识我们的工艺、科学和道义,从而清楚他们那种高傲与排外的观念"。美国监理会传教士林乐知(Young John Allen,1836—1907)1868年创办《教会新报》,后改名为《万国公报》更是有着广泛影响的中文报纸等等。据统计,从1815年《察世俗每月统记传》到1911年,以新教传教士为主体出版的中文报刊有1000多种,从这些报刊文字中我们可以看到西方人学习汉语,使用汉语的丰富历史和成就。

二、对传教士汉语学习的研究

训诂学家朱骏声(1788—1858)指出:"读书贵先识字,识字然后能通经,通经然后致用。"传教士的汉语学习基本也遵循这一顺序,先学习汉字,进而研读汉语典籍,有了一定的汉语水平后,进行著书译书。对传教士的汉语学习史和文献进行研究,主要是从以下几方面开展的。

张西平教授(2001)认为对传教士汉语学习进行研究开辟了汉语教育史这一研究领域,为之提供了历史的依据和借鉴。对外汉语教学从佛教传入中国就开始了,欧洲人的汉语教育则是从传教士来华开始的。西方的汉语教学已有 400 多年的历史,而我国对外汉语教学才开展了 50 多年,我们可以从这一历史过程中汲取经验。从传教士汉语学习来看,他们直接的教材就是文化典籍如"四书"等,他们的语言学习始终将文化作为主体。在开始阶段,他们所用的教材主要是中国当时的启蒙课本,如《三字经》《千字文》等。我们目前的汉语教学对书面语的教学是很不够的,实际上有一种用口语教学代替书面语教学的趋势。对外汉语教学的内容和中国文化严重脱节,汉语学习日益向单纯语言学方向发展,中国文化的学习只成为课堂例句中的内容,学生很难读到中国优秀的书面语言作品,而且课文内容日益幼稚化,背离了成人第二语言学习的基本特点。

从语言学研究的角度来看,基督教新教传士的这些译著和著述为研究中文近代词汇变迁提供了一手文献,大量的新词在这些著作中出现,如生活类"沙发、坦克、扑克、马达、轮胎、咖啡、可可、布丁、沙拉、啤酒、苏打,巧克力、三明治等",科技类词汇尤其是现代天文、地理和物理词汇"几何、纵轴、碳酸"。《东西洋考每月统记传》中也提供了许多新的文艺学名词,如"文艺复兴""法兰西"等,并融入现代汉语,沿用至今。汉语外来词的研究是当前汉语言学研究中的一个重要方面,季羡林先生说:"世界上一些先进的文明国家,往往都有一批研究外来词的专家,有不少的外来语词典,反观我国,不无遗憾。研究外来词的专家很少,编纂成的专著和词典更不多见。"

《华英字典》第二部对所有的汉字进行编号外,马礼逊还根据广东方言、叶尊孝的拉丁注音和他发明的英语注音法制作了对照表,以英语标音并按照字母 A—Z 顺序排列创造出音序检字法,这一做法对汉语音韵学的发展也起了重要作用。

传教士学习汉语所编纂的双语及多语词典对文化交流也有启示意义。马礼逊编撰的《华英字典》,不但是汉语、英语学习者语言习得的工具,更是一部包含了中西文化的百科全书,因而是中西文化交流史上的重要成果。张夷驰(2012)梳理了马礼逊来华传教背景、语言习得经历以及文化传播策略,解析了马礼逊在辞书编纂、《圣经》汉译和早期双语教育上的杰出贡献,并对其在跨文化语言传播中如何有效促进文化融通的技巧做出了分析与总结,认为马礼逊在文化传播策略中,始终坚持以受众为中心的适应原则,这对今天的中西文明对话依然具有启发价值。邓纯旭、邓丽萍(2022)研究了《华英字典》对 19 世纪早期中国近代出版业的启迪意义,因其实用性和大众普及性的编撰理念开创了汉版图书新格局,开启了以本土出版辞书带入西学词汇的先河。《华英字典》带来的先进印刷技术和出版技术,推动了中国出版业近代化发展。

第三节　典籍外译的文本内部研究

就被翻译的典籍类型而言,涉及中国古典哲学、历史、诗歌、小说、散文、戏剧、文论、天文、数学、农业、科技、中医、地理、军事、百科、法律、艺术、佛经、家训等。本节分类别梳理典籍翻译的文本内部研究。

哲学典籍外译活动进行得早,数量多,持续时间长,尤以"四书""五经"为显,对其翻译的研究,也是如此。国内关于哲学典籍外译的研究多集中于"四书",其中《论语》最多。文献搜索可见,国内第一篇专门研究《论语》翻译的论文发表于1985年,曹惇评价了理雅各、辜鸿铭、苏慧廉、阿瑟·威利(Arthur Waley)、埃兹拉·庞德(Ezra Pound)几位名家的译本,论述了各译本的特点和不足。《中庸》《孟子》外译研究首篇论文分别发表于2004年、2005年,《大学》外译研究开始时间最晚。"五经"中,《诗经》《易经》的翻译研究相对较多,而《礼记》的研究则相对较少。1985年,柯大诩介绍了《易经》外译及其在西方的影响。道家文化也是中国传统文化的重要组成部分,17世纪欧洲就有著作介绍道教,但或许是传教士们认为中国文化的核心并不在此,《道德经》直到19世纪初才得到翻译,1868年,英国传教士湛约翰(Chalmers,1825—1899)英译《道德经》,但《道德经》和《庄子》是仅少于儒家典籍的研究对象。1988年,李贻荫发表第一篇研究《道德经》翻译的论文,该文以经验式方法简要评论了刘殿爵译本。此外,也有少量研究关注《淮南子》《吕氏春秋》《韩非子》《列子》等其他哲学典籍。

哲学典籍翻译研究主题有译本分析与对比,以《论语》英译本为例,尽管有60多种,但大多数研究集中于少数几个译本,研究频次最多的是辜鸿铭译本、其次为理雅各译本、安乐哲译本,研究视野不够开阔;对比层面集中在文化负载词、译文风格、翻译策略、译文特点等,对原著文化内涵和哲学思想的翻译转换研究较少；儒学核心概念微言大义，注解丰富，因而核心术语的翻译包括"仁""义""礼""忠""孝""子"也是研究主题之一。根据《论语译注》的统计，"仁"在《论语》中共出现109次，先秦汉语多单音节词，意义、用法灵活多变，故孔子思想往往能"一言以贯之"。关于在《论语》中高频度出现的"仁"的具体内涵，孔子并没有给出具体的解释。后来的学者或训诂，或注疏，对"仁"做出了见仁见智的理解。翻译亦然，各位译者由于时空的差异，造成对"仁"理解的不同，形成不同的译文，进而影响读者对原文及孔子学说的认识。此外，也有研究者考察哲学典籍在欧洲的翻译与传播，另有研究涉及翻译影响、文化软实力、译介史、文化阐释等主题。

中国历代注重修史，有编史传统，除了官方史书，还有许多其他类别的史书。但19世纪之前，中国历史著作并未出现外译，比较常见的是早期传教士在著述中杂糅部分中国历史典籍。影响比较大的是意大利传教士卫匡国1658年出版的《中国上古史》，尝试将中国历史纳入自己的时间框架中。第一部完整翻译中国史书的是英国传教士麦都思（Walter Henry Medhurst，1796—1857），他1846年出版了《尚书》英译本。美国传教士德效骞（Homer Hasenpflug Dubs 1892-1969）在1934—1947年间英译《汉书》并出版。《史记》比较有影响的英译本为美国学者华兹生（Burton Watson，1925—）选译并于1961年出版，1969年又增译部分内容，另一《史记》翻译工程由美国汉学家倪豪士（William H. Nienhauser, Jr.，1943—）主持，开始于20世纪80年代。《左传》最早由理雅各1872翻译出版，之后多次再版重印，华兹生1989年也曾选译《左传》。目前，已有完整译本或部分翻译的历史典籍包括《尚书》《竹书纪年》《春秋》《左传》《国语》《战国策》《史记》《汉书》《后汉书》《三国志》《资治通鉴》等。

较之于哲学典籍，历史典籍的翻译研究尚未得到广泛关注，《史记》的翻译研究较多，《尚书》次之。研究大多为翻译内部研究，如《史记》中官职、谥号、机构、称谓词、服饰词、器物词、祭祀术语等文化专有项的翻译策略，值得一提的是，2012年之后的翻译方法出现了采用语料库的研究方法。《史记》在国外每次翻译出版，都会受到广泛关注，汉学家纷纷撰写书评进行评论。倪豪士《史记》译本1994年开始出版，每卷出版后几乎都有书评，受到西方汉学界广泛关注。《尚书》翻译研究起步较晚，研究主题有风格、策略、连贯重构、文化传真、注释、复译等内部研究。

诗歌是中国文学史上的主流文学体裁,外译的古典诗歌主要有《诗经》、唐诗、宋词、汉赋、乐府诗、元曲等。翻译研究对象按数量排序依次为唐诗、《诗经》、宋词、楚辞等。研究诗词作者按数量依次为李白、李清照、杜甫、寒山、王维、陶渊明等。研究主题主要包括多个译本对比研究、诗歌音韵和韵脚翻译研究、某种理论视角下的翻译策略研究、译文读者、诗歌中文化意象、译者主体性等,就《诗经》翻译而言,近些年研究主题逐渐深化,开始探究《诗经》中的思想内容、《诗经》翻译与中国文化走出去《诗经》翻译的经典化过程等,研究中涉及较多的译者为理雅各、许渊冲、翁显良、汪榕培等。

中国小说发展历程从神话、寓言、志怪小说、唐传奇、宋话本、元章回体、明"三言二拍"和章回小说直至清代章回小说和文言小说。代表作品是明代"四大奇书"——《三国演义》《水浒传》《西游记》《金瓶梅》,清代《红楼梦》《儒林外史》及"四大谴责小说"——《官场现形记》《二十年目睹之怪现状》《老残游记》《孽海花》等。小说西译开始较晚,18世纪在欧洲影响最大的古典小说是英国传教士托马斯·帕西(Thomas Percy)翻译的《好逑传》,此后,中国小说不断被译介到欧洲,但大多是选译,直至20世纪中叶后,全本的古典小说逐渐被外译,也有大量的小说翻译研究。对其翻译进行研究最多的小说是《红楼梦》,远超其他小说,其次为《西游记》《浮生六记》《三国演义》《水浒传》《聊斋志异》等。研究主题涉及小说书名翻译、翻译批评、文化转移、他者意识、翻译家研究等。相比其他文体,小说翻译传播与影响研究成果比较丰富,如2014年有学者把中国古典小说在英国的翻译和传播分为:萌芽期(18世纪)、发展期(1800—1840)、短暂繁荣期(1840—1911)、复苏与繁荣期(20世纪),为各个时期翻译史提供了丰富的资料。

法国传教士杜赫德(Jean-Baptiste Du Halde,1674—1743)的《中国全志》中收录了元杂剧《赵氏孤儿》的法语版,开启了中国戏曲外传的步伐。然而,在戏曲外译之初,传教士及商人主要是对戏曲旁白或唱词进行转译或改写。据统计,由此至20世纪50年代,有法语、德语及英语各种戏剧的译作共200余种。遗憾的是,多数译者及所译作品未能悉数面世,普及度并不高。杨宪益夫妇于1960年英译《牡丹亭》,此后传统戏曲英译本陆续出版。因戏剧外译本现存数量不多,语料获取难度大,相关的翻译研究也比较薄弱,20世纪末,戏剧外译方才进入研究者的视野。70%的戏剧翻译研究关注的是《牡丹亭》和《西厢记》,考察文化负载词翻译策略、译者风格、读者接受度等,研究视角有限。

中医药典籍数量庞大,但得到外译的数量不多,早期的传教士在他们的作品中曾介绍中医,如《利玛窦中国札记》简单描述了中国医学,卜弥格的《中国脉理医药》也记载了中医及中药。18世纪末,欧洲出版的中医药作品仅十几部,19世纪增至100多部,20世纪后,中医药译著显著增多。关于中医药典籍翻译的研究集中于少数几种典籍,如《黄帝内经》《难经》《本草纲目》等,研究多为经验式研究,对中医术语翻译、翻译方法与策略、文化负载词等进行分析。中医药典籍专业术语翻译是这一领域对外翻译最大的难点。主要表现在:中医药领域学者对中医药知识比较熟稔,却对翻译不够了解;翻译领域学者往往不熟悉专业知识。因而,中医药典籍外译研究热点之一就是基本术语的规范化和标准化。

经过梳理发现,各类典籍翻译研究成果尽管各有侧重,也有一些共性的特点,首先,国内典籍翻译研究对象存在"厚此薄彼"的现象,哲学、小说类典籍翻译研究多于历史、戏剧、中医药典籍翻译研究;特定类型又集中在少数几种典籍,如哲学典籍翻译研究一半以上关注"四书"。其次,研究内容偏重于语言词汇、文化术语等内部语言转换。另外,研究方法比较单一,多为经验式对比和分析。

第四节　研究案例之一

典籍外译文本内研究主要关注语言层面的转化,文化专有项作为词汇领域的一个特例,一直是翻译内部研究的焦点之一,本节是作者的论文之一,首先厘定了文化专有项的定义,根据奈达对文化的分类标准,分别探讨了《论语》中生态、物质、社会、概念、语言文化专有项的翻译策略,归纳起来,翻译策略主要有:文外作注、文内明示、删除、替代、自由译法等,论文以英语发表。

On the Translation of Cultural-specific Items in *Confucian Analects*

1. Introduction

Translation is not only the conversion between languages, but also the communication between cultures. The cultures of different nations have both commonalities and individuality. The commonness of culture makes the languages of different nationalities comprehensible. However, a large number of culture-specific items derived from cultural individuality cause obstacles to the smooth communication and translation between cultures. As defined by some scholars, culture-specific items are "Those items appearing in the text which are difficult to transfer to the target text because they do not exist in the cultural system of the target language readers or have a different textual status from the corresponding items". The so-called different status of texts means that they have different values due to differences in ideology, usage or frequency of use.

The translation of *Confucian Analects*, one of the Confucian classics, has always been an important part of the cultural exchange between China and the West, as well as an important way and means of spreading Chinese traditional culture. The types and characteristics of the text contain a lot of cultural components, which makes the difficulty of understanding and translation correspondingly increased. Culture-specific items directly reflect the unique features of culture and the choice of translation strategies is a key factor affecting the effect of Chinese culture publicity. Therefore, it is of great practical significance to explore the translation of culture-specific items in *Confucian Analects*.

2. Translation of culture-specific items in *Confucian Analects*

Eugene Nida divides the cultural factors involved in translation into five categories: ecological culture; material culture; social culture; conceptual culture and linguistic culture. This paper analyzes the expressions of various culture-specific items in *Confucian Analects* in the four English versions based on the classification of cultural factors by Nida.

2.1 Ecological cultural-specific items

The names of mountains, rivers, animals and plants and their associative meanings can be classified as ecological cultural-specific items.

Example 1 孰谓<u>鄹</u>人之子知礼呼？《论语·八佾》

a. Who says that old man knows the classical rites? （Cleary）

b. Do not tell me that this son of a villager from Tsou is expert in matters of ritual.

Footnote： A village with which Confucius' family had been connected. （Arthur Waley）

In Chinese, <u>鄹</u> is Confucius' birth place and son of <u>鄹</u> here refers to Confucius, implying disrespect. Cleary omitted "son of <u>鄹</u>" and adopted "that old man" to express the disrespect for Confucius； Waley adopted literal translation plus footnote to provide more information.

Example 2 子曰："<u>凤鸟</u>不至，<u>河</u>不出<u>图</u>，吾已矣夫！"《论语·子罕》

a. The Master said, "The phoenix does not come； the river gives forth no chart. It is all over with me."

Footnote： The arrival of this magical bird and the sudden revelation of a magical chart were portents that heralded the rise of a Saviour Sage.（Arthur Waley）

b. The auspicious phoenix does not appear； the Yellow River does not yield up its magical chart. All is lost with me.（Roger Ames & Henry Rosemont, Jr.）

"<u>凤鸟</u>" refers to the phoenix, which is said to have appeared in the reign of Emperor Shun and the reign of King Wen in Zhou Dynasty（both were kind governors）, indicating the prosperity of The Times and the success of the career. "<u>图</u>" refers to the river map. It is recorded that in Fuxi's time（ancient China）, a dragon and a horse appeared in the Yellow River with a map on the back, which was the "river map" based on Fuxi's drawing of eight diagrams later. Ancient people regarded such a thing as a sign of the emergence of a sage king. Therefore, if the Yellow River does not come out of the map, it is not a bright world. Waley translated "<u>凤鸟</u>" into "phoenix" and "<u>图</u>" into "chart" supplementing the meaning of the phoenix bird and the river figure by means of footnotes. Roger Ames & Henry Rosemont, Jr. directly embodied the meaning in the translation by means of "adding words". In addition, in ancient Chinese, "<u>河</u>" specifically refers to the Yellow

River, which Waley translated as "river" to refer to all rivers in general, expanding the scope of "河".

2.2 Material cultural-specific items

The material entities unique to Chinese culture, which are not found in Western culture and are difficult to be explained by simple explanations, are called the material cultural-specific items, including clothing, food, accommodation, vehicles, utensils, etc. There are many expressions in *Confucian Analects* relating to arts and crafts in the Spring and Autumn Period in Chinese history.

Example 3 子贡问曰："赐也何如？"

子曰："女，器也。"

曰："何器也？"

曰："瑚琏也。"《论语·公冶长》

a. Zigong asked, "What do you think of me?"

The Master said, "You are a utensil."

Zi Gong further asked, "What sort of utensil?"

The Master said, "The best jade vessel for food, used in ancestral sacrifice." (Pan Fu'en, Wen Shaoxia)

b. Tzu-kung asked saying, what do you think of me?

The Master said, you are a vessel.

Tzu-kung said, what sort of vessel?

The Master said, A sacrificial vase of fade!

Footnote: The highest sort of vessel. (Arthur Waley)

c. Zigong inquired, "And what do you think of me?"

The Master replied, "You are a vessel."

Zigong asked, "What kind of a vessel?"

The Master replied, "You are a most precious and Sacred kind of vessel."

Additional notes: The Hu and the Lian were sacrificial vessels used in the ancestral halls of the Xia and Shang dynasties respectively. (Roger Ames & Henry Rosemont, Jr.)

Both 瑚 and 琏 were temple rites, which were used to serve food to sacrifice. Confucius compared Zi Gong to 瑚琏，which meant that Zi Gong was a great tool for the state and had the ability to govern the country.

Pan Fuen and Wen Shaoxia added the functional expression of 瑚琏 in their translation. In addition to pointing out the function of 瑚琏 in the translation, Waley also footnoted its status, suggesting its extended significance to the reader. The third version annotated 瑚琏 in more detail, including the dynasty in which it was used.

2.3 Social cultural-specific items

Appellation, custom, etiquette, lifestyle, behavior and literary and artistic achievements can all be classified as social cultural-specific.

Example 4 子见**南子**,子路不说。《论语·雍也》

a. When the Master went to see Nan-tzu, Tzu-lu was not pleased.

Footnote：The wicked concubine of Duke Ling of Wei.（Arthur Waley）

b. The master went to see Nanzi, and Zilu was not at all happy about.

Additional note：Nanzi was the concubine of Duke Ling of Wei who had a rather colorful and unseemly reputation.（Roger Ames & Henry Rosemont, Jr.）

南子, the wife of the Duke of Weiling, came from the State of Song and was beautiful in appearance. Nanzi lived in the Spring and Autumn Period more than 2,000 years ago. For Western readers who do not have a background in traditional Chinese culture, Nanzi is completely unknown. The above translators all introduced the identity and background of Nanzi briefly by adding notes.

Example 5 子曰："无为而治者,其舜也与？夫何为哉？恭己正**南面**而已矣。"《论语·卫灵公》

a. The Master said, "To rule doing nothing, that was Shun's way. What did he do? He merely placed himself gravely and reverently in his imperial seat; that was all."（Pan Fu'en, Wen Shaoxia）

b. The Master said, "Among those that 'ruled by inactivity' surely Shun may be counted. For what action did he take? He merely placed himself gravely and reverently with his face due south; that was all."

Footnote：The position of a ruler.（Arthur Waley）

c. The Master said, "If anyone could be said to have affected proper order while remaining nonassertive, surely it was Shun. What did he do? He simply assumed an air of deference and faced due south." （Roger Ames & Henry Rosemont, Jr.）

In ancient times, it was regarded as a position of honor to sit in the north facing the south. Therefore, when emperors and vassals met their ministers or officials met their subordinates, they all sat facing the south, because "南面" refers to the position of emperors, vassals and officials. Pan Fu'en and Wen Shaoxia gave up the image of "南面" and translated it freely as "imperial seat". Waley's literal translation of the word "南面" is "due south" and the footnote is "the throne of the ruler". The literal translation of "南面" by Roger Ames & Henry Rosemont, Jr. is "due south" without annotation.

Example 6 子贡曰："《诗》云：'如切如磋，如琢如磨'其斯之谓与？"《论语·学而》

a. Zigong said, "It is said in *the Book of Poetry*："As you cut and then file, as you carve and then polish.'"（Pan Fu'en, Wen Shaoxia）

b. Tzu-kung said, The saying of the songs, As thing cut, as thing filed, As thing chiseled, as thing polished.

Footnote：*The Book of Songs* p46, which describes the elegance of a lover. Tzu-kung interprets it as describing the pains the gentleman has taken to improve his character, and suggests that Confucius prefers the second maxim（poor, yet delighting）because it implies a greater effort of self-improvement.（Arthur Waley）

c. Zigong said："*The Book of Songs*" Like bone carved and polished, Like fade cut and ground. Songs 55（Roger Ames & Henry Rosemont, Jr.）

quoted from *Book of Songs*, 如切如磋，如琢如磨 originally referred to the skills of processing bone, ivory, jade, stone and others into the craft：cutting, filing, carving, polishing. In the text here, it referred to the gentleman's self-cultivation process. Pan Fu'en and Wen Shaoxia adopted a literal translation, while Waley translated the technological process and pointed out its extended meaning through footnotes. The third version is also literal translation, noting the sources of the quotes.

2.4 Conceptual cultural-specific items

Conceptual culture-specific items include basic concepts and terms related to religious belief, world view, values, way of thinking, national spirit, etc.

Example 7 子曰："**君子**坦荡荡,小人长戚戚。"《论语·述而》

a. The superior man is always calm and at ease, the small man is always fretting. (Pan Fu'en, Wen Shaoxia)

b. The Master said, A true gentleman is calm and at ease; the mall Man is fretful and ill at ease. (Arthur Waley)

c. The Master said, "The exemplary person (junzi 君子) is calm and unperturbed; the petty person is always agitated and anxious." (Roger Ames & Henry Rosemont, Jr.)

君子 was a general term for noble men in classics in Western Zhou Dynasty and it appeared many times in *Confucian Analects*. Besides few cases, the meaning of 君子 has evolved from the status of the title to the level of moral cultivation. The first version translated 君子 into "The superior man", however, "superior" as attributive is widely used in the English speaking world in a derogatory sense, to satirize those who think they are superior and have a sense of superiority. *Longman Dictionary of Contemporary English* explains that:

superior: having or showing a high opinion of oneself

superior persons: esp. iron. the better educated or elite; prigs

Therefore, the negative reaction "superior" evokes in Western readers is bound to be quite different from the positive association "junzi" evokes in Chinese readers.

Waley equated 君子 with "Gentleman," which, according to Longman's Dictionary of Contemporary English:

a. a man who always behaves towards other people in a polite and honorable way and who can be trusted to keep his promises;

b. old-fashioned, a man from a high social class, especially one whose family owns a lot of property.

It can be seen that the meaning of "gentleman" in English is highly similar to that of 君子 in Chinese, and both have very strict requirements for personal cultivation.

The third translated the model person as an exemplary person and added pinyin and Chinese characters as an example.

Example 8 颜渊死。子曰："噫！天丧予！天丧予！"《论语·先进》

a. When Yan Yuan died, The Master said："Alas! Heaven is destroying me, Heaven is destroying me!"（Pan Fu'en, Wen Shaoxia）

b. When Yen Hui died, the Master said, Alas, Heaven has bereft me, Heaven has bereft me!（Arthur Waley）

c. When Yan Hui died, the Master cried, "Oh my! Tian is the ruin of me! Tian is the ruin of me."（Roger Ames & Henry Rosemont, Jr.）

While the first two translations equated 天 with Heaven, the third dealt with it by attaching the Chinese character 天 to pinyin, largely because the commonly used English translation of heaven imposes certain imagery derived from the Jesus-Christian tradition that is not present in Chinese culture.

2.5 Language cultural-specific items

Each language has its own unique character, habit, temper, hobby, temperament, that is, it has its own language personality. Chinese language has its own unique features, such as onomatopoeic words, polyphonics, four tones, four-character idioms and other rhetorical devices such as dual and parallelism.

Example 9 子曰："君子周而不比，小人比而不周。"《论语·为政》

a. The Master said, A gentleman can see a question from all sides without bias. The small man is biased and can see a question only from one side.（Arthur Waley）

b. The master said："Exemplary persons（junzi 君子）associating openly with others are not partisan；petty persons being partisan do not associate openly with others."（Roger Ames & Henry Rosemont, Jr.）

Duality is a figure of speech in which a pair of phrases or sentences with the same number of words, same structural form and symmetrical meaning are used to express two relative or similar meanings. It is easy to chant, has musical beauty, and has a condensed meaning. However, due to the differences between Chinese and English, the transmission of these rhetorical devices is somewhat lacking in translation.

3. Comparison of translation strategies

Through the comparison and analysis of the translation of various culture-specific items in the *Confucian Analects*, the translation strategies adopted by the translators are as follows:

3.1 Annotation

By annotation, the culture-specific item is translated by a literal translation within the text, and a further description is placed in a note or footnote after the text. In the above analysis, when Waley translated 鄹人, "凤鸟" and "南面", he adopted this strategy, and so did Roger Ames & Henry Rosemont, Jr. in dealing with 瑚琏. Its advantage is to retain the original characteristics, and Chinese traditional culture can be explained in details. The disadvantage is that the reading process will be interrupted to read the note.

3.2 Direct explanation

Free translation is adopted within the text to make it understandable. In dealing with "南面" and 瑚琏, Pan Fu'en and Wen Shaoxia translated them in this way. The advantage of this strategy is that it does not affect readers' reading. The disadvantage is that the space of introducing the culture outside the text is limited, and it will weaken the aesthetic effect of the original text.

3.3 Substitution

That is to replace the expressions of the target language culture with those of the source language culture. For example, Pan Fu'en and Wen Shaoxia directly translated 天 into "heaven". Since the images represented by 天 and "heaven" in Chinese and Western cultures are not equivalent, translation readers' understanding of the original text will have certain deviations and sometimes even misunderstandings, such as Pan Fu'en and Wen Shaoxia's translation of 君子. Generally speaking, in dealing with more obvious cultural phenomena, it is not as safe as the way of adding text.

3.4 Deletion

Deletion is to delete culture-specific items that affect textual coherence. As Thomas Cleary translation of 鄹人. This kind of translation strategy makes the target text more coherent, but its biggest disadvantage is that it affects the target readers' understanding of the source language culture, so it can be used in certain circumstances. In his preface to his translation of the *Confucian Analects*, Cleary wrote:

The aim of this presentation of teachings of Confucius has been to produce a streamlined version in a convenient format, centered on a translation that reads easily and yields meanings directly without distracting the reader unnecessarily by the interjection of Sino logical complications.

It can be seen that Cleary wanted to make an understandable English version so that readers would not be confused by the cultural characteristics of Chinese. Moreover, he adopted the form of 64 hexagrams in the *Book of Changes* to rearrange the various paragraphs of the *Confucian Analects*, believing that this would help overcome the difficulties of direct understanding of Confucius thought caused by cultural changes and differences in Confucian studies over the centuries. In short, his aim was to form a "popular version" of the *Confucian Analects* that ordinary people could read. Therefore, Cleary deleted some culture-specific items in *Confucian Analects* in order to avoid unnecessary difficulties in understanding the special things of Chinese culture for foreign readers.

3.5 Free translation

There are also some free ways to deal with culture-specific items, such as Pinyin + Chinese characters + introduction explanation. For example, in the translation of the concepts of 天 and 君子 by Roger Ames & Henry Rosemont, Jr., the translator analyzed the philosophical and cultural significance of these concepts in the preface, and avoided readers' understanding of the *Confucian Analects* with Western cultural prejudices through pinyin and Chinese characters. "Our purpose in writing the Introduction is to inspire sensitive readers to understand Confucian teachings as authentically as possible, instead of exaggerating or tailoring them according to their own interests and knowledge." (Roger Ames & Henry Rosemont, Jr.)

Translation is a purposeful activity, "all texts are produced for and serve a specific purpose". Waley translated his own version in order to give European readers an idea of what the authors of the *Confucian Analects* "... there is room for a version such as mine, which attempts to tell the European reader what it meant to those who compiled it." (Waley, 1998: 76) He attempted to tell the European reader what it meant to those who compiled it. There is a long introduction, more notes attached to the translation, and a note after the translation, which further discusses the textual issues in depth and aims to provide readers with more cultural background to understand the "real Confucius".

When translating the culture-specific items in the *Confucian Analects*, translators consciously or unconsciously adopt the above-mentioned translation strategies under the influence of the translation purpose. These five strategies are basically equivalent to the eleven translation strategies of culture-specific items, such as extratextual interpretation, intratextual interpretation, assimilation (that is, choosing culture-specific items of the target language to translate culture-specific items of the source language), deletion and self-creation.

4. Conclusion

Chinese classics are the crystallization of Chinese traditional thought and culture. In the era of globalization, the translation of Chinese classics has far-reaching historical significance and important practical significance for introducing Chinese civilization to the world, maintaining the inherent cultural identity of China, enabling equal dialogue between Chinese culture and Western culture, and promoting the integration and complementarity of Chinese and Western cultures. Therefore, translators engaged in the translation of classics should pay attention to the importance of culture-specific items in the process of English translation of classics, so as to adopt corresponding translation strategies.

第八章 典籍翻译研究述评(下)

第一节 典籍外译的文本外部研究

典籍翻译的最终目标是文化传播,因此对典籍翻译的文化传播和影响的研究应成为典籍翻译研究的重点之一。现有研究只有个别类型的少数文本被放在翻译旅行的视角下分析,如辛红娟(2008)从翻译旅行的理论视角考察了《道德经》译本的翻译和操纵、翻译变译、海外传播、想象与变形等;王燕华(2016)考察了《诗经》在英国的翻译与传播,还有研究者关注《三国演义》《红楼梦》等在海外的传播。

一、进一步研究选题

哲学典籍多关注"四书""五经",但深度不够。诸子百家其他哲学典籍已经外译很多,但研究较少。宋明理学的著述也有外译,如张载、朱熹、王阳明等的哲学著作,但这些译本几乎无人问津。

历史典籍兼有文学属性,针对其中的叙事展开叙事结构、叙事方式、叙事特点研究;历史典籍涉及各个领域的专业术语,翻译方法值得系统研究,建设中华文化术语汉外对照库。大量人名、地名,而且历史人名和现代人名大不相同,不统一、不规范,如何取舍、规范统一。

诗词歌赋是独特的文体类型,形式凝练、想象绚丽、富有意象、节奏鲜明、韵律和谐。实践难,研究也难,原因之一就是当代译者大多不通格律。后期研究可从以下方面开展：研究诗歌情感与内涵在译文中再现的充分程度；诗歌在海外的传播及其对读者的影响；比较英语文学史上的诗歌创作特点，考察译诗的语言特点与原创诗歌的差异等。

戏剧的语言特点是对话，理论视角可借用语用学得会话含义，考察外译中会话含义的再现效果。此外，戏剧文本区别于其他典籍类型的显著特点是可用以表演，因而我们可以尝试将中国传统戏剧搬上舞台，以演出的形式助推戏剧的海外传播。

典籍外译研究需要有其基础理论研究来克服现有研究理论深度不足的缺陷，需借助已有理论体系，走向多元化理论研究、跨文化与跨学科研究。中国古代思想史中的格义、体用论等和翻译密切相关的概念可用来阐释专有名词、意义转移等相关问题。

另外，翻译史是翻译学科的基础，就典籍翻译而言，认真总结典籍的传播史，梳理基本历史，总结基本规律，研究基本方法，为今后典籍翻译实践决策的制定提供坚实的学术研究基础，各类典籍翻译史的整理与研究尤其重要。

二、读者多样性研究

典籍外译本的接受者——读者，这一环节在研究中经常被忽略。引起读者注意的因素可以分为外部因素和内部因素两部分。外部因素是指书籍的设计和声誉。人们倾向于选择封面和封底好看、装订质量高、口碑好、译者经验丰富的书籍。不同的版本适合不同的读者。有些人倾向于选择完整的翻译，有些人倾向于选择删节的翻译。内部因素是指译文本身的内容，包括翻译策略、翻译风格、应用领域、注释和解释、图片插图、历史背景和章节的划分。

目标读者是一个多元化的群体。他们处于不同的年龄，有着不同的社会文化背景和不同的人生经历。因此，他们对外来文化的接受程度是不同的。中国典籍翻译需要"观察当地的风俗习惯"。目前需要对目标读者进行分类，明确目标读者的阅读取向，满足目标读者的阅读要求，实现原作者与目标读者的视野融合。

目标读者根据审美标准的不同，可分为普通读者和专业专家两大部分。普通读者有三部分：儿童读者、青少年读者和成人读者，虽然他们属于一个很大的部分，但他们的期望范围却各不相同。

　　关于儿童读者,如果没有父母的帮助,学龄前儿童无法独立阅读。具体来说,典籍译本的目标读者为小学生的话,他们正在经历一个关键时期,思维方式正由具体的形象思维向抽象的逻辑思维转变。因此,吸引人的图片在他们选择书籍时起着重要的作用。当目标读者是儿童时,我们需要考虑三个问题。首先,是书的封面是否能第一时间吸引他们,其次,是书的布局是否简洁明了,最后,是书的文风是否生动有趣。因此,在翻译中国经典名著时,我们需要关注书籍封面的设计,并对儿童的阅读取向进行调查。在书中,可以用更多有内在逻辑联系的图片来代替长句,写作风格也可以生动、有趣、通俗易懂,而不是晦涩难懂。换句话说,中国经典翻译的浓缩版或简写版,配上许多图片插图,更适合儿童阅读。

　　与儿童读者不同,青少年读者更成熟。在这一时期,抽象逻辑思维在他们的思维方式中占主导地位。其主要特征是由经验的抽象逻辑思维向理论的抽象逻辑思维转变,从而导致辩证逻辑思维的初步发展。在青年时代的早期,他们开始尝试从理论上总结经验材料。除了丰富的形象,内容中的形象最好能揭示每个情节的本质;同时,书中适当的不确定性可以激发青少年的逻辑思维和想象力。在这种情况下,无须直接告诉他们情节的内在联系,他们就可以通过思考来获得更多的成就感。他们对书籍封面、版式和写作风格的审美趣味与儿童读者相似。唯一不同的是,译者在翻译时可以表现出比图片更多的句子和不确定性,给他们足够的想象空间和思考空间也很重要。简体中文经典译本配图,适合青少年阅读。

　　成年读者有一定的文化基础,阅读中国典籍译本的目的是了解中国的文化和历史,以及欣赏中国文学的魅力和文学风格。成人读者有两个基本要求:首先是翻译作品的可读性,其次是阅读后的启发。也就是说,翻译作品具有阅读价值。在翻译中国经典著作时,译者可以用简单的表达代替复杂的术语。翻译的重点依赖于文本的普及程度。这样读者可以很容易地阅读它。因此,简化版或完整版的经典是没有注释的更适合成人读者。

　　普通读者和专业读者不分年龄,专业读者是指对中国历史和文化有全面了解的汉学家或学者。专业学者具有丰富的专业知识,在阅读中国典籍译本时,更倾向于关注译著本身。妥善保存原作的专业术语,可以更好地体现中国文化的魅力。在翻译中国经典时,译者不仅需要翻译句子的表层结构,还需要用注释和解释来展示隐藏在原经典中的深层结构。理想的效果是达到原文读者与目标读者相似甚至相同的感受。在这种情况下,带有注释的中国经典的完整翻译版本更适合专业学者。

三、典籍翻译研究方法

翻译研究质量和水平的提高需要研究者采用科学方法,开展科学研究。方法论是一门学科能够独立存在的关键支柱之一。人文社会科学的研究方法,从逻辑来看,归纳法和演绎法在翻译研究中都有体现;从对象来看,对比的方法用来比较两种语言、两个或多个文本、两个或多个文化;从数据来看,质性研究和量化研究分别用于收集和整理数量与非数量的数据。

从语言层面看,典籍翻译研究多描写和批评分析典籍作品语言层面的翻译特点和翻译得失,以及译者相应的翻译策略等,具体方法多为文本细读、多译本比较、语言对比分析等。大多数研究采用经验式方法研究翻译内部的语言转换。从典籍传播的角度看,语料库方法研究、问卷调查研究、实证研究的方法较少。也就是说,非数据特征的研究方法选用比例最高如文献整理、定性阐释,定性与定量综合考察的思路逐步为研究者所接受,但基于客观实证数据的定量模型研究依然难以成为翻译研究的主流,特别是跨学科研究仅停留于概念移植、理论嫁接的初级层次,方法转换、理论延伸等深层次的跨学科应用有待突破。

事实上,翻译过程涉及的研究对象都可以进行定量研究,对数据进行统计,了解变化趋势。统计可以借助现代统计软件,也可建设小型语料库,借助已建成的大型语料库,增强研究语料的代表性和结果的准确性。在实验条件允许的情况下,典籍翻译也可运用有声思维法、键盘记录、眼动追踪等现代技术手段,提升研究质量和层次。

总之,典籍翻译研究方法逐步摆脱了中国传统译论"精于理性阐释、疏于数据分析"的主观印象式研究,量化的实证数据收集与系统分析成为翻译研究的一个发展特征,但尚未形成规模。定性研究依然是当前翻译研究的主流方法,定量与定性结合的研究还需改进。

第二节　典籍翻译中的回译

一般来说,翻译是指将原文翻译成译文的过程。然而,有一种独特的翻译被称为回译,指的是将目标文本翻译成以母语书写的文本的过程,译本可能与原文相同,也可能与原文不同。实际上,有两个主要因素促成了回译的兴起。第一个因素是沙托沃斯与科维(Shuttleworth & Cowie)在 1997 年出版的《翻译研究词典》中对回译作了明确的定义。经由翻译界颇具影响力的著作《翻译研究词典》的介绍,回译一词开始正式进入人们的视野,翻译界的学者开始注意到回译。第二个因素是跨国作品的繁荣,尤其是华裔美国文学和外国人写的有关中国的作品。实际上,这些作品的翻译与回译密切相关。近年来,越来越多的翻译学者开始关注回译问题,对它的研究也越来越多。

对回译的研究主要集中在回译的定义或意义、分类及其应用和功能等方面。

一、回译的定义及分类

尽管对回译的研究很多,但对回译的定义尚未达成一致。沙托沃斯与科维(1997)将回译定义为"将翻译文本重新翻译成其源语言的过程",但没有对回译进行进一步的研究。与这个定义相似,也有学者强调了回译的特殊性,指出回译的源文本是通过其他翻译过程产生的目标文本。显然,回译的不同之处在于原文。实际上,回译的实践并不总是旨在将译文翻译成原文,方梦之(2004)认为"回译是指已翻译成外语的文本重新翻译成源语言的过程"。按功能划分,方梦之指出了三种回译:测试回译、研究回译和机械回译。回译是指将目标文本翻译回原语言的行为,所产生的文本将与原文不同,这种观点是有道理的,因为回译也是一种翻译,不可避免地会受到许多因素的影响,如原文、文化、读者的需求等。因此,回译产生的文本与原文不可能完全相同,这恰好与莫娜·贝克的观点一致：回译是指将读者难以理解的语言文本逐字翻译成英语的行为。这一定义将英语作为目标语言，对回译进行了限制。事实上，回译的实践在很多国家都很常见，所以目标语言可以是多种的，如法语、日语等。另外的学者纯粹从语言学的角度出发，考虑到更多的条件，提出"回译是文学材料从 A 语言翻译到 B 语言，再从 B 语言翻译到 A 语言，或从第三甚至第四语言翻译到原语言的过程"。虽然他考虑了涉及两种以上语言的情况，这相对于其他定义是一种改进，但他简化了回译现象，忽略了文化的参与和文本的改变。

与上述观点不同的是，贾洪伟（2017）将回译分为广义回译和具体回译。从狭义上讲，回译是指通过翻译将译文还原为原文的做法，本质上不是纯粹的翻译行为；从广义上讲，回译是再次翻译的过程或动作，它可以是在不参考原文、不要求原文与译文对等的情况下，将已经翻译成 B 语言的文本翻译成 A 语言的过程，也可以是通过翻译将 B 语言的文本恢复到 A 语言的原文的行为。

事实上，纽马克对此有一个粗略的研究。根据纽马克的说法，回译是指将译文重新翻译成原文，它是"翻译中的科学因素"。因为回译可以评估目标文本与源文本的差异有多远，在帮助不懂目的语的读者理解翻译中给出的实例方面是非常有用的。大多数情况下，回译是一个有用的工具，但在衡量翻译质量方面也缺乏可靠性，他介绍了六种回译情况。

综上所述，翻译学者对回译的定义大致一致，但也存在一些可以理解的差异。有的可能对译者、目的语和译文进行回译的限制，或者从不同的方面进行定义。然而，所有的定义都强调将目的语翻译成原文或将其转换回源语的过程。

二、回译的功能和应用

学者们在语言研究、翻译研究、跨学科研究、教学研究、翻译质量评估和文化研究等方面对回译的应用进行了大量研究。在这些应用中，有几种最常被提及。

第一，有一些研究集中在回译在翻译教学过程中的应用。一般来说，在外语学习和翻译课上，回译通常被视为一种教学方法。回译在外语教学中的应用很少受到重视。在翻译教学方面，有的教师认为回译是一种有效的翻译教学方法，并在他的课堂上进行了案例研究。邓江丽（2013）

在英汉互译的基础上对回译的删减进行了研究,实验结果表明,回译的实践为学生提供了学习优秀翻译者的翻译技巧和策略的机会,有助于提高学生的翻译能力。同样,也有研究分析了回译在翻译教学中的应用。该研究的部分发现与邓江丽相同,但也有一些新的观点。研究认为,回译丰富了课程内容,丰富了教学方法,培养了学生的英汉对比意识,从而提高了他们的翻译能力,特别是汉英翻译能力。

第二,有很多学者研究了回译在评估翻译质量和改进翻译质量中的重要性。回译在翻译领域和其他学科中都有广泛的应用,尤其是作为一种质量评价方法。对于在翻译中的应用,有研究用实验证明了回译的不可行性,从而得出源文本和目标文本实际上不存在对等性的结论。

冯庆华(2002)用回译作为检验翻译质量的工具,因为它优于其他方法,这意味着回译在翻译实践中的意义不可忽视。在回译检验翻译质量的过程中,译文和回译可以相互借鉴、相互检验,共同改进。其实,对于回译的积极意义,在翻译领域有一个新的领域需要开发,值得从不同的角度进行研究和探索。

不同于其他学者仅仅将回译作为一种质量评价方法,王宏印(2002)考虑了方法的信度和效度,这是一个很大的进步。他从《红楼梦》中选取了120副对联,对大卫·霍克斯和杨宪益的两个英文版本进行了比较研究,主要目的是找出中国古典小说尤其是这些对联的翻译艺术。在此基础上,有研究对《红楼梦》诗歌翻译再次采用回译作为翻译评价方法,扩大了研究对象的范围,并贯穿于对不同译本的比较分析过程。此外,该研究引入了回译的概念,并讨论了回译是否可以作为翻译评估的工具以及是否存在回译的可能性,而回译作为翻译评估方法的有效性取决于原文和回译直译的质量和程度、更重要的是,回译者在进行回译练习前不应阅读原文或忘记原文,以减少被原文干扰,译者应减少回译的痕迹,而不是使回译产生的文本与原文相似。

第三,回译是翻译研究中常见的现象。回译可以用来检查文本的含义,检验是否与原文对应。此外,回译也可以作为一种翻译策略,尤其是在翻译特定的名词,比如人名、地名、作品和一些术语。

第四,语言研究可以采用回译。莫娜·贝克(2011)在语言研究中采用了回译的策略,她书中的例子涉及不同种类的语言,读者几乎不可能全部理解。对于她来说,回译是一种辅助工具,因为示例涉及多种语言。

此外,回译作为一种研究方法,经常出现在跨学科研究中。回译被应用于医疗保健领域,以检验研究材料的翻译。回译功能也可应用到跨文化研究中,常用的回译方法有三种:由专业翻译者回译、正向翻译,不进行正式的回译,正向翻译和回译的混合方法。实际上,语言对等不如文化对等和概念对等重要,应重点提高正向翻译的质量。除了这些常见的回译功能外,只有翻译的版本可以找到原文,回译是非常有用的。这样,当原始文献丢失或不完整而有翻译版本时,回译也可以帮助恢复一些古代文献。

三、回译研究概况

有些研究几乎关注了回译的所有方面,包括回译的定义、分类和功能,这比回译的其他两类研究更为全面。这些研究为我们清楚地解释了什么是回译以及如何利用它。

回译的功能分为三种类型:一种翻译策略,一种翻译评估的教学手段,一种语言学和翻译研究的工具。回译作为一种翻译策略,多在词语和短语层面,常用于翻译一些专有名词,如人名、地名、习语等。回译作为翻译评估的一种说教性手段,除了翻译方向不同外,与普通翻译相似,多用于句子、段落等更高层次;作为语言学和翻译学研究的一种手段,学者们需要处理不同种类的语言,这些语言可能是他们所不熟悉的,因此他们经常采用回译的方法,因而研究回译是很有意义的。

王永胜(2018)对回译进行了更全面的研究,提出回译是一种不同的翻译形式,即原目的语言成为源语言,而原源语言变成目的语言。常见的翻译是指语言和文化的迁移,回译涉及语言和文化的恢复,并给出了四种类型的回译:恢复回译、部分恢复回译、部分转化回译和转化回译。并详细介绍了回译的四种应用。另有研究在翻译与文化全球化关系的基础上,对回译进行了重新定义,并探讨了回译在翻译研究中的前景、价值和意义。

四、回译的评价

随着国际研究的增多,翻译作为一种研究工具,在涉及不同语言的其他学科领域发挥着越来越重要的作用。翻译的准确性对研究成果的有效性和可靠性有很大的影响。因此,利用回译作为一种评估翻译材料质量的方法在许多学科领域得到了广泛的应用。学者和研究者对回译的应用持不同的态度。

一些学者和研究人员支持回译方法,并将其应用到各个领域。回译是一种尽可能准确地实现对应的手段,译者必须从字面上再现源文本的形式和内容,以便获得近似的结果。有学者认为回译在医学翻译中相当普遍,世界卫生组织将其作为国际健康研究中实现准确目标文本的质量控制方法。事实上,在作者和译者之间进行透明交流的前提下,恰当地利用回译是一种有效的质量评估方法,可以让译者的声音被客户听到。在语言学领域,研究者发现回译可以揭示源文本和目标文本之间的意义差异,这使其成为一种有用的验证工具,并且将回译应用于美国手语(ASL)系统的研究后,也是一种客观可靠的测试美国手语是否适当的方法。

与支持回译的人相比,持负面观点的人似乎更多。对于某些特定的主题,研究人员发现,当涉及不同文化的情感状态的比较时,回译可能不是那么有用,尽管回译比其他方法节省时间。在通常情况下,借助回译,可以达到最好的翻译,但在某些情况下,最好的翻译并不等于完全等价的翻译。

在问卷翻译方面,回译几乎是最有争议的方法,它非常缺乏效度。它很可能会识别出实际正确的问题,同时遗漏潜在的问题。因此,应更多地努力确保翻译本身的质量,而不是依赖于回译质量评估的功能。另有学者对回译的不可靠性进行了类似的研究并提出了回译的替代方案。使用回译作为翻译质量评估工具会对研究结果产生不利影响,因为它倾向于直译,指出其问题和对回译的批评。与这些对回译的批评不同,研究者认识到回译需要大量的时间,涉及多种语言的研究是不切实际的,尽管译者努力,原文和回译产生的文本之间仍然可能存在分歧。

也有一些研究者不仅批评了回译的缺点,而且提出了替代方法。在这些研究者中,有些人只是怀疑回译的有效性和可靠性并进行了一项研究,以检验回译作为质量控制方法的可靠性,结果表明,回译的有效性和可靠性可能是值得怀疑的。因此,将回译与其他方法相结合来提高翻译质量会更加合理。

此外,一些学者和研究人员指出了回译的不足,同时也认识到回译的好处,因而对回译的作用持中立态度。就典籍外译而言,回译可以用在验证原文的理解是否准确，在文化层面，通过回译，可对照形象的塑造是否有偏差或者扭曲。

第三节　民族典籍外译研究梳理

我国是一个多民族国家，各个民族共同创造了灿烂的中华文化。各民族都有自己珍贵的典籍，并通过口头和书面形式继承了下来。几乎每个民族都有自己的创世传说、史诗和神话，蕴含了该民族独特的文化和历史传统。民族典籍是研究和传承中国传统文化不可忽视的独特瑰宝。重视民族典籍的翻译和研究有助于发展民族文化，保护民族文明，促进少数民族之间的交流和了解。

一、民族典籍的特点

民族典籍以口传文学居多，口传文学亦称为口头文学。一般认为，口传文学是以口头讲述、吟唱或口头创作的文学，是一种非书面形式的文学样式，主要依靠口耳代代相传。少数民族口传文学是我国文化的重要组成部分，是一种特殊的"精神产品"，是民族地区广大人民群众的精神财富与智慧结晶。

口传文学体裁呈现多样化的特征，包括史诗、古歌、民歌、戏剧、曲艺等。同一体裁，不同民族也各有特色。很多民族都有自己的英雄史诗，如藏族和蒙古族共同创造的英雄史诗《格萨尔》、壮族《布洛陀史诗》、苗族长篇英雄史诗《亚鲁王》、彝族创世史诗《勒俄特伊》等。古歌有瑶族的"百科全书"——《盘王大歌》、苗族民间口头传唱史诗《苗族古歌》等。

口传文学是相关民族人们宗教信仰、本土知识、民间智慧、族群记忆、母语表达的主要载体。如传唱千年的《格萨尔》是世界上最长的史诗，在藏族古老的神话传说、历史记忆的基础上逐渐形成，被誉为藏族古代的百科全书，讲述了半人半神英雄格萨尔王降临下界后降妖除魔、抑强扶弱、统一各部，最后回归天国的英雄业绩，是藏族民间艺术唐卡、藏戏的艺术灵感来源,不仅渗透了当地的风俗习惯、传说故事、歌谣谚语,而且受到原始的自然崇拜、宗教信仰等意识形态的影响。2009 年,《格萨尔》入选世界非物质文化遗产名录。

总体来说,口传文学属于民间共同创作的说唱兼表演,口耳相传,传播过程变化比较大,因而具有口头性、集体性、传承性、变异性和艺术性的特点。口传文学的传播,既传承了民族文化,凝聚精神,也是各民族之间交流和相互理解的凭证。

二、民族典籍外译

民族典籍翻译是典籍翻译的一部分,汪榕培老先生就曾指出"少数民族典籍英译已成为中国典籍翻译的一个重要方面",典籍翻译与民族典籍翻译的研究方向大致相同。但是,民族典籍翻译不同于一般典籍翻译,它不仅涉及语言层次的翻译,还需要在跨文化语境中保留民族文化。因此,民族典籍翻译研究呈现出几种新的思路。

第一种是跨文化视野下的民族典籍研究。民族典籍存在一定的特殊性,译者需要了解民族文化,这在一定程度上增加了典籍翻译的难度。从跨文化交流角度出发,译者应采取归化、异化、等效翻译等策略,对民族典籍作品中蕴含的大量文化信息进行有效转化。这样可以最大限度地保留原文的风格和特点,使读者更好地理解目的语。另一种途径是研究民族典籍的文化形象传播。民族文化形象是一种奇妙的财富。有效地将民族典籍中的民族文化形象传递给读者,弘扬我国的民族文化,是译者应该尊重的翻译态度。译者应该通过对民族文化意象的解读,灵活运用直译、意译、音译等翻译方法,实现对民族文化意象的传递。

较之于其他典籍,民族典籍外译较晚。19 世纪以来,或许由于地域的关系,《格萨尔》先在俄罗斯译介,之后在世界上其他地区流传日趋广泛,引起西方汉学界关注和重视,先后出现了俄、法、德、英等语译介本。《格萨尔》史诗翻译形态众多,有藏、蒙、土等民族语言内部互译的"民译"、藏、蒙、土译为汉语的"汉译"、藏、蒙、汉译为其他外语的"外译"、多语种之间的"往复翻译"和各外语本译回汉语的"回译",复杂的翻译现象和多译本形态存在给翻译研究带来很大挑战。

美国当代学者马克·本德尔(Mark Bender),先后翻译了 10 余部中国少数民族口传文学作品,包括苗族的《苗族史诗》(*Hmong Oral*

Epics）和彝族的《勒俄特伊》（*The Nuosu Book of Origins：A Creation Epic from Southwest China*）。他被誉为"中国少数民族文学英译的开路先锋"，并发表了一系列研究中国少数民族口传文学的文章，引起学界关注。针对少数民族的口传文学，本德尔提出了"合作翻译"（collaborative translation）的模式，即"两名或两名以上人员一起进行的翻译活动，它既包括分别以源语和目的语为母语的译者进行口头或笔头的合作，也包括具有相同母语的译者对同一部作品的翻译分工活动，还可以是上述两者之间的混合态"。这是由口传文学的特殊性所决定的，口头文学的翻译首先需要收集民族语言文本，整理好后，先翻译为汉语，再译为其他外语；也可以直接从民族语言翻译为外语，如直接从彝语翻译成英语或者从苗语翻译成英语或其他语言。另外，口传文学语境信息丰富，翻译时需提供翔实的民族志背景、表演惯例、表演者等相关信息。为避免出现著名汉学家梅维恒所提出的"汉语过滤器（Chinese Filter）"的影响，更好地保留与再现民族文化，理想的翻译是直接从少数民族语言译入目标语。这就需要表演者、民族语收集整理者、外语译者的多方合作。

近些年来，民族典籍翻译研究取得了一定的成果。

首先，逐步形成了专门研究民族典籍翻译的研究群体。从 2002 年开始，中国英汉语比较研究会典籍英译学会主办了系列"全国典籍英译研讨会"，主题涉及中国典籍英译的理论建构、中国文化"走出去"战略与中国文化典籍外译研究、中国文化典籍翻译理论研究与跨学科研究、全球化背景下中国文化典籍翻译策略研究、中国文化典籍翻译人才培养与学科建设研究等多个领域，推进了民族典籍外译研究视野的扩大和理论深度的挖掘。可喜的是，2012 年，"首届全国少数民族文化典籍英译学术研讨会"召开，标志着中国少数民族典籍翻译研究迈上了新台阶。研讨会参会议题涉及蒙古族、藏族、维吾尔族、赫哲族、畲族、壮族、苗族、傣族等少数民族的典籍、民歌和史诗的翻译，对我国少数民族典籍翻译方法与策略、典籍人才培养、典籍英译的跨学科研究进行了多维度、多层面的探讨，推动了中国各民族文化的交流和对外传播，深化了民族典籍翻译的研究。

其次，研究者对民族典籍翻译开展了深入的个案研究。具有代表性的研究有从翻译传播的角度分析史诗《格萨尔》非常复杂的翻译；探讨满族创世神话《天宫大战》英译怎样实现翻译目的、翻译标准、翻译策略及翻译方法的最佳运用;基于"生态翻译学(Eco-translatology)"视角从语言、文化、交际三个维度对杨宪益《阿诗玛》英译本进行分析。另有民族典籍翻译类研究著作如《民族典籍翻译研究丛书》与《中华民族典籍翻译研究概论》的陆续出版等。此外,少数民族典籍的外译与研究越来越受到重视,政府通过科研项目资助加大对少数民族典籍翻译研究的扶持力度,国家社科基金和其他社科项目对民族典籍翻译与研究的选题支持持续上升。

在"一带一路"倡议提出的背景下,民族地区的特色民族文化也亟待"走出去",为外界所知晓与关注,民族典籍尤其是口传文学的译介与研究将大有可为。当前民族典籍译介所涉及的仅为蒙古族、藏族、壮族等人口较多的民族,除《格萨尔》成果比较丰富之外,蒙古族的三大史诗、壮族的《布洛陀》,满族的《尼山萨满》等皆有相关研究和成果,其他大多数少数民族的典籍尚未涉及,对于民族典籍传播而言,无疑是一大短板;民族典籍具有民族性与口头性的特点,尚未形成自身的翻译理论系统,另外,少数民族口头文学翻译可以纳入表演理论的视域中进行研究;和其他典籍类似,目前民族典籍翻译研究局限在翻译的策略和方法探讨上,缺乏文本外因素的深入研究。

民族典籍的搜集、整理、翻译是一个综合性的重要研究课题,又是民族文化走向世界的一项基础性工作。相关工作既要了解典籍所在地的文化、历史、习俗,同时还要搜集并整理与特定典籍相关的国内外其他史料、手稿及文本等。此外,在利用或者借鉴外语转译文本以及现有的外语译本时应该保持相对客观和谨慎的态度,不仅要认识到海外文献资料的参考价值,还要谨慎对待海外文献的文化倾向及意识形态偏见,并防止出现民族志偏差及错误。唯有此,民族典籍才能全面地得到保护和对外传播。

第四节　研究案例之二

典籍外译文本外部研究主要关注译本的生成与传播环境及影响因

素。本节是作者的论文之一,首先分析了翻译的传播学本质,然后指出翻译中的译者、文本和读者与传播过程中的信息发出者、信息、信息接收者是一一对应的关系,进而从传播学"守门人"与受众多样性的角度分析了《论语》的翻译与传播,最后对《论语》的有效传播提出了建议,论文以英语发表。

A Study on the Translation of *The Analects* from the Perspective of Communication Theory

1. Introduction

The Analects, which is one of the most influential classics of the Confucian school and embodies deeply traditional Chinese thoughts, plays an important role in the history of cultural exchange between China and the West. Since Matteo Ricci（1552—1610）, an Italian Jesuit missionary, translated the *Four Books* into Latin in 1593, Jesuit missionaries in the 17th century, Protestant missionaries in the early 19th century, western sinologists and Chinese culture lovers in the middle of the 20th century, and overseas Chinese and local Chinese scholars in the 1990s have successively joined the field of translating *The Analects* into other languages such as English, French, German, Italian, Spanish and others. Data shows that there have been nearly 60 English versions of *the Analects* in various translated forms. The evaluation and research on these versions have also aroused extensive attention in the academic circles at home and abroad, and the achievements are fruitful. Domestic research began in the 1990s, and the initial research perspective concentrated mainly on language level. Liu Chongde（2001）, He Gangqiang（2007）conducted their impressive appreciation of the translated versions of *The Analects*; Ni Jihua（2007）compared the translation techniques and strategies adopted by different translations in his master's thesis; Wang Hui（2001）studied the translation of core concept words in *The Analects*. Along with the cultural shift in translation studies, factors outside the text itself began to enter the research field. Wang Hui（2007）discussed the influence of translator's identity and translation purpose on the translation; Wei Wangdong（2005）and Yang Ping（2008）compared and summarized the multiple translations from different perspectives synchronically and diachronically. The above achievements have enriched theoretical studies on the foreign translation of *The Analects* and other Confucian classics, taking the translated versions as their research points. Actually, translator, text and target reader form a communication chain, and these three elements influence each other. However, there are few domestic studies on the translators and readers of *The Analects*. In order to make up for this deficiency, this paper tries to analyze the translators and readers in the foreign translation of *The Analects* from the perspective of communication theory.

2. The communication nature of translation

Some scholars define communication as "Communication refers to the activities of human exchanging information through symbols and media in the hope of producing corresponding changes." People are the subject of communication, playing the role of message sender and receiver. In the process of communication, the sender should not simply output information, but also carry out complex two-way communication. The receiver should not accept passively information, but also actively feedback information, and the purpose of communication is to make corresponding changes. Mr. Sun Zhili, a famous translator, pointed out: "Translation is to convey the meaning expressed in one language to another language, so as to achieve the purpose of communicating thoughts and feelings, spreading cultural knowledge, promoting social civilization, especially promoting the prosperity of the target language culture." Just in terms of their definition, we can find out that communication and translation have great convergence points. As Mr. Lv Jun said: "Translation is a kind of cross-cultural information exchange and exchange activity, and its essence is communication."

The basic elements of communication include sender, message, media and receiver. The process of communication is a process in which the sender selects and processes information, transmits it to the receiver through some channel and causes reactions. As a complex communication activity, translators in translation activities are senders who select and process information, while the translated version and the source language cultural factors embodies in it are the messages to disseminate, and the target language readers are receivers who select and feedback information in a certain communication environment.

3. The brief history of the translation and dissemination of *The Analects*

The disseminator lies at the first link of the message transmission chain, who is the initiator of the communication activity and the sender of the communication content. However, the disseminator cannot take action freely but is restricted by the "gatekeeper", who determines what kind of message the disseminator could send. Gatekeeper refers to the person or institution in communication who is entitled to decide what kind of information can be transmitted, how much and how. The manipulative school of translation studies believes that "what image translation establishes for literary works depends mainly on two factors. The first is the translator's ideology— this ideology is sometimes identified by the translator himself or herself, and sometimes imposed by the sponsor. The second is the dominant literature in target language at that time." Translation, in short, is subject to patronage, ideology and poetics. The constraints of these factors on translators are reflected in the "what to translate" and "how to translate", namely the selection of translation materials and translation strategies. In addition, translators' activities are influenced by the communication environment, that is, the institutional environment, economic and technological environment, etc.

The earliest translator of *The Analects* was Matteo Ricci. In 1582, as an Italian Jesuit missionary, he accepted the overseas mission of the Jesuit Society of Rome and arrived in Macao, China. The next year, he managed to live in the city of Zhaoqing, Guangdong Province and began to carry on his mission., After meeting Chinese culture, he realized Gradually that there were 3 major religions in China— Daoism, Confucianism and Buddhism, among which Confucianism was the most important religious system favored by upper class scholars.

In line with his missionary work, Matteo Ricci began in 1591 to read *The Four Books* of Confucian classics taught in schools (*The Analects*, *Mencius*, *The Doctrine of the Mean*, and *The Great Learning*) and translate them into Latin. In order to guide Chinese people to accept Catholicism, Matteo Ricci adopted the way of worshiping Confucianism and respecting Confucius, wearing Confucian clothes and offering sacrifices to Confucius, so as to expand the influence of Catholicism in China. However, Matteo Ricci's missionary methods caused the dissatisfaction of the Catholic Church, and then broke out the famous "etiquette dispute" between the Qing government and the Catholic Church. Consequently, the Qing government issued a proscription and most of the missionaries were expelled to Macao. Influenced by the institutional environment at that time, this large-scale cultural exchange between China and the West came to an end.

In the early 19th century, as the advance party of European and American colonial empires, a large number of missionaries came to China and India. In 1809, Joshua Marshman (1768—1837), a British Protestant missionary, translated and published *The Works of Confucius* in Serampore, India. This book was an excerpt of *The Analects* from chapter 1 to chapter 9. In 1822, the British missionary Rev. David Collie (?—1828) came to Malacca and began to learn Chinese, and then became professor of Chinese at the Anglo-Chinese College. In 1827, he published *The Chinese Classical Works Commonly Called the Four Books*, which was regarded as the first complete English translated version of *The Four Books*. In addition, English missionaries translating *The Analects* into English in the 19th century include Sir T. F. Wade (1818—1895), James Legge (1815—1897) and other English missionaries. In 1903, Richard Wilhelm (1873—1930), a German missionary, translated *The Analects* and *Mencius* into German with the help of his colleagues and Chinese scholars.

Objectively, through these missionaries, many important Chinese classics were translated to the West. However, the fundamental task of western missionaries into China is to spread the Gospel and naturalize

China. In order to successfully preach, they generally first learned Chinese, understood Chinese culture, realized the importance of Confucianism in China, and then chose to translate *The Analects* and other Confucian classics into languages of which they would make use. Marshman said in his translation that the purpose of translating *The Analects* was "to show the English the nature of the Chinese language to uncover its mysterious veil, open a way for an in-depth study of Chinese literature and classics, and for an eventual introduction to the Chinese people of the powerful scientific discoveries and eventually introduce perfect Bible to them". Through the translation of *The Analects*, Marshman greatly improved his Chinese language skills and accumulated some experience in translating scripture. With the help of his Chinese teacher, Marshman began to translate Bible into Chinese and published it in Serampore in 1822.

Therefore, it can be seen that these missionaries did not choose to translate *The Analects* arbitrarily, but were the result of their own Christian consciousness, the religious institutions they served and the mainstream ideology at that time.

On the other hand, translators are consciously or unconsciously controlled by individual or social ideology in the adoption of translation strategies. For example, the missionary translation directly naturalized the concept of Confucianism into Christian terms, which has been analyzed in detail in the studies of Wang Hui (2008) and Yang Ping (2008), and will not be discussed here.

4. The analysis of translators of *The Analects*

The Analects says: "Those who have virtues must utter good words, those who utter good words would not necessarily have virtues", which emphasizes the communicator's personality cultivation. The purpose of communication is to make the audience's attitude, behavior, emotion and other aspects to produce the kind of change that the communicator expects, therefore, the communicator should have certain qualities to produce the communication effect. Through experiments, Carl Hovland, one of the founders of American communication studies, proved that "the credibility of information sources (communicators) is closely related to the persuasive effect, and the persuasive effect of high credibility information sources is far better than that of low credibility information sources." In short, the higher the credibility of the communicator, the greater the effect of the communicated message. Credibility refers to the degree of acceptance, recognition and trust received by the communicator among the receivers.

Translators of *The Analects* include missionaries sent to China, western sinologists, overseas Chinese, Chinese scholars and so on. Matteo Ricci was well-educated and graduated from the Jesuit Seminary. During his stay in China, he systematically and comprehensively studied Chinese culture and translated and introduced them to the West. In Italy, Matteo Ricci is known as "the first person to communicate Chinese and Western culture". James Legge translated five volumes of *Chinese Classics*, including *The Analects*, which was very popular in the West. After returning from China, James Legge became the first professor of Sinology at Oxford University, where he spent 22 years training many sinologists. Richard Wilhelm was awarded "Honorary Doctor of Sinology" by Frankfurt University, and founded the first Germany "Chinese Study Society" in Frankfurt, and he also founded several journals on Sinology. It can be seen that these missionaries sent to China have high reputation in their own countries. In addition, missionaries generally have a good moral and cultural level, and have certain credibility and authority in their own countries. Besides, they are close to their domestic potential readers (most of them were missionaries at that time) in terms of ideology, cultural background and religious belief. Objectively, these factors promoted the spreading of *The Analects* and Confucian thoughts in the West.

There are also many Chinese translators of *The Analects*, among whom Mr. Gu Hongming (1857—1928) and Mr. Lin Yutang (1895—1976) are representative ones. Both of them were familiar with western culture and lifestyle. Gu Hongming studied in Britain and Germany for

14 years. With the purpose of rendering westerners understand the philosophy and moral principles of Confucius and Mencius in China, he wrote and published series of articles on Chinese culture in Japan Post, Times and other western newspapers in fluent English. He translated *The Analects* and *The Doctrine of the Mean* into English, which were successively published and printed overseas. Lin Yutang studied at Harvard University for a master's degree in literature, and later studied for a doctorate in linguistics at the University of Leipzig in Germany. After that, he lived and wrote in the United States for more than 10 years, writing many cultural works and novels in English. He also translated the philosophy of Confucius and Mencius and other traditional literary works into English and promoted them overseas. He was once listed as one of the "wisdom of the twentieth century" in American cultural circle. His book, *The Wisdom of Confucius*, compiled in popular form, has been popular since it was published in 1938, and had been deeply loved by western readers.

5. The analysis of potential readers of *The Analects*

Receiver refers to the person receiving information, who is the "decoder" of the transmitted symbols. Receiver restores or "translates" the information symbol sent by the transmitter before understanding and accepting the meaning of the message. The effect of information transmission is directly affected by the knowledge structure, degree of education and communication skills of the receiver. In the process of translation, the target reader is exactly the receiver who selects, filters and gives feedback to the translation under certain cultural background. In the process of receiving information, the receiver is not completely in a passive state, rather than passively receiving information, but on the basis of taking advantage of the existing conditions to actively choose the information, so as to make it fully useful to themselves. Therefore, the successful dissemination of a translation largely depends on whether it conforms to the selective psychology of the target language readers. Selective psychology refers to "the thinking phenomenon shown by the receiver in the process of choosing the various information and the transmission mode itself in the communication activities". Different social environments and personal experiences lead to different psychological structures and cognitive attitudes of each individual, which determine that readers have different choices and understandings of information. Therefore, in order to achieve good communication effects and meet the reading requirements and aesthetic expectations of target language readers, potential readers' selective psychology must be considered and properly guided by translators. There are many translated versions of *The Analects*, each with its own strengths, which meet the reading expectations of different level of readers.

5.1 Diversity of readers

The Analects is one of Confucian classics which is interpreted and researched precisely and seriously by scholars, and also a literary work read by the public due to its vivid characters and concise language features.

The readers of the early translated *The Analects* were missionaries and rigorous sinologists. For example, after the publication of the *Chinese Classics* by James Legge, specific funds were raised to sell the versions to missionaries at half the price. As a Confucian classic, The Analects is written in ancient Chinses and has the language feature of sublime words with deep meaning. With the intention to reproduce these features, James Legge adopted written English popular in the 19th century and quaint wording along with text structure and sentence order very close to the original. At the same time, he tried to preserve the rhetoric and cultural features. In total, James Legge's version was regarded as the classic of Sinology in the English-speaking world. However, the classical English style discourages the general reader, and Gu Hongming says in the preface to his English translation of *The Analects* that "...we try to translate the conversation of Confucius and his disciples as an educated Englishman would express the same idea. In addition, to eliminate as much strangeness and oddity as possible for English readers, we try to remove all proper Chinese names whenever possible." It can be seen that Gu's intended readers were those averagely educated Englishmen. The original text arrangement of *The Analects* is incoherent and disorganized, which is not suitable for the common western readers to read and appreciate. In order to make it easy for readers to understand, Gu Hongming rearranged the original text reasonably by adding and deleting appropriately. He translated a large number of Chinese names and place names skillfully, such as:

季氏使闵子骞为费宰。

A minister in power in Confucius' native State sent for a disciple of Confucius to make him the chief magistrate of an important town. (Translated by Gu Hongming)

The personal names "季氏", "闵子骞" and the place name "费" in the original text are not directly reflected in the translation. They are only expressed as the people and places associated with Confucius. In addition, Gu Hongming made a pioneering reference to western famous quotes and allusions in his translation, comparing Ji Fa, the first king of Zhou dynasty to "the Moses or Solon of Chinese history". Although later Gu's translation has been criticized for its "unfaithfulness", he played a positive role in spreading *The Analects* and Confucian thoughts under the background that westerners knew almost nothing about Chinese ancient culture at that time. It was in consideration of the acceptability of the translation by the mass readers that Gu's version was very popular in that period. It can be said that the translated versions by James Legge and Gu Hongming are the representatives of academic version and universal version.

5.2. The diachronic of readers

In different historical environments, readers have different psychological and aesthetic expectations for classical works. When talking about the historicity of understanding activities, Sartre pointed out that as far as the reader is concerned, "the reader is somewhere between complete ignorance and omniscience, and he has certain knowledge, which changes at any time, enough to show his historicity." The same is true for translations, which are favored by readers in one era may not be favored by readers in other eras.

In order to obtain the recognition of western readers, Gu Hongming replaced some concepts and terms of Confucian culture with relevant words of western culture in the translation of The Analects, which played a positive role in the cultural exchange between the East and the West under the historical conditions. However, with the continuous deepening of communication between China and the West, more readers tend to read novel and rare translations with exotic styles. Therefore, how to retranslate cultural words with the essence of Chinese culture is in line with the thinking paradigm and aesthetic requirements of the current Westerners, which is a problem that contemporary translators must consider. Therefore, the analysis of the translator's selective psychology should not only consider the group differences but also pay attention to the different historical environment.

6. Conclusion

Since 1593 till now, *The Analects* has gone abroad through a history of more than four hundred years. The number of translators has been increasing and various forms of translations have emerged in an endless stream. Nowadays, the communication between countries around the world is increasingly close, and culture has become an important factor in the comprehensive national strength. To enhance the soft power of Chinese culture, the author believes that the following points should be taken into consideration.

First of all, the Chinese and foreign translators should work together to draw on the strengths of each. Rooted in the profound Chinese culture and English learning background, Chinese translators have undoubtedly the most profound interpretation of *The Analects*, while foreign translators or translation agencies are more likely to grasp the selective psychology of their countrymen and make choices in terms of translation expression and text structure that would meet readers' expectations.

Secondly, diversified and hierarchical versions should be introduced to meet the expectations of readers at different levels and with different purposes for reading traditional Chinese culture.

Some lessons can be learned from the spreading of *The Analects* in China. Academic scholars focus on Zhu Xi's commentary while common readers prefer the story-like explanation of *The Analects* by Yu Dan, a professor, who attempts to interpret *The Analects* from the academic altar to the folk, which provides a new way for the external communication of *The Analects*.

Moreover, the publication of the translated versions of *The Analects* should "borrow a ship to go to sea", and co-publish with foreign publishers. As mentioned above, at the end of last century, many translations done by mainland scholars began to spring up. However, most of these translations were published in China and were difficult to be distributed abroad, so their influence in foreign countries was very limited.

A Chinese saying goes "The beauty of nature and people in China must be spread to the outside world". Since the ancient people advocated to spread the beautiful things to the public, in today's increasingly prosperous cultural exchanges between China and the West, we have to carry out a comprehensive and systematic study of various elements of communication, in order to make the wonderful *The Analects* and the thoughts contained in it truly understood by the foreign public, and then gradually understand the real Chinese culture. Finally, we will realize equal exchange of Chinese culture in the world.

参考文献

[1] 费孝通. 美国与美国人 [M]. 上海：三联书店，1985.

[2] 黄兴涛. 辜鸿铭文集 [M]. 海口：海南出版社，1996.

[3] 马祖毅，任荣珍. 汉籍外译史 [M]. 武汉：湖北教育出版社，2003.

[4] 裴化行. 天主教十六世纪在华传教志 [M]. 北京：商务印书馆，1937.

[5] 沈复. 浮生六记 [M]. 林语堂，译. 上海：上海外语教育出版社，1999.

[6] 史有为. 汉语外来词 [M]. 北京：商务印书馆，2000.

[7] 司德敷. 中华归主 [M]. 北京：中国社会科学出版社，1985.

[8] 辛红娟.《道德经》在英语世界：文本行旅与世界想象 [M]. 上海：上海译文出版社，2008.

[9] 熊月之. 西学东渐与晚清社会（修订版）[M]. 北京：中国人民大学出版社，2011.

[10] 徐宗泽. 明清间耶稣会士译著提要 [M]. 上海：上海书店出版社，2006.

[11] 张西平. 欧洲早期汉学史 [M]. 北京：中华书局，2009.

[12] 周宁. 跨文化形象学 [M]. 上海：复旦大学出版社，2014.

[13] 张西平. 20 世纪中国古代文化经典在域外的传播与影响研究导论 [M]. 北京：经济科学出版社，2015.

[14] 方梦之. 译学词典 [Z]. 上海：上海外语教育出版社，2004.

[15] 罗新璋编. 林语堂论翻译 [A]. 翻译论集 [C]. 北京：商务印书馆，1984.

[16] 王正. 翻译中的合作模式研究 [D]. 上海：上海外国语大学，2005.

[17] 张夷驰，马礼逊．对华语言及文化传播策略研究 [D]．重庆：重庆师范大学，2012．

[18] 赵长江．19 世纪中国文化典籍英译研究 [D]．天津：南开大学，2014．

[19] 查明建、田雨．论译者主体性——从译者文化地位的边缘化谈起 [J]．中国翻译，2003（1）．

[20] 邓纯旭，邓丽萍．19 世纪初《华英字典》编撰对中国近代出版业的启迪 [J]．大连大学学报，2022（8）．

[21] 黄中习．外语学者与典籍英译 [J]．长春理工大学学报（高教版），2008（4）．

[22] 贾洪伟．典籍回译研究之理性思考 [J]．山西大同大学学报（社会科学版），2017（6）．

[23] 李小青、杨武能．传承与超越——著名德语文学翻译家杨武能教授访谈录 [J]．外国语文，2020（2）．

[24] 刘宓庆．翻译文化战略观考量 [J]．中国翻译，2007（4）．

[25] 罗选民，杨文地．文化自觉与典籍英译 [J]．外语与外语教学，2012（5）．

[26] 潘国文．译入与译出——谈中国译者从事汉籍英译的意义 [J]．中国翻译，2004（2）．

[27] 汪榕培．中国典籍英译的几点认识 [J]．燕山大学学报（哲学社会科学版），2013（3）．

[28] 王宏印．《红楼梦》回目辞趣两种英译的比较研究 [J]．外语与外语教学，2002（1）．

[29] 王永胜．回译方式及其应用探索 [J]．渤海大学学报，2018（1）．

[30] 谢天振．中国文学走出去：问题与实质 [J]．中国比较文学，2014（1）．

[31] 许钧．"创造性叛逆"和翻译主体性的确立 [J]．中国翻译，2003（1）．

[32] 杨自俭．对比语篇学与汉语典籍英译 [J]．外语与外语教学，2005（7）．

[33] 张西平．西方人早期汉语学习史的研究初论 [J]．海外华文教育，2001（4）．

[34] 邹蔚苓. 中国图书走出去：如何有效规避误读 [J]. 出版发行研究, 2021（1）.

[35]Andre Lefevere. *Translation, Rewriting and the Manipulation of Literary Fame* [M]. London and New York：Routledge, 1992.

[36]Arthur Waley. *The Analects* [M]. Beijing：Foreign Language Teaching and Research Press, 1998.

[37]David Collie. *The Chinese Classical Work Commonly Called the Four Book* [M]. Malacca：Printed at the Mission Press, 1828.

[38]Edward T. Hall. *The Silent Language* [M]. New York：Doubleday & Co., 1959.

[39]Ezra Pound. *Confucius：The Unwobbling Pivot, The Great Digest, the Analects* [M]. New York：New Directions, 1951.

[40]Gorge Steiner. *After Babel：Aspects of Language and Translation*[M]. London and Oxford：Oxford University Press, 1975.

[41]James Legge. *The Chinese Classics*（Vol. I）[M]. Hong Kong：Hong Kong University Press, 1960.

[42]Joshua Marshman. *The Works of Confucius*（Vol. I）[M]. Serampore：Printed at the Mfission Press, 1809.

[43]Hans J. Vermeer. Skopos and Commission in Translational Action[A]. *Lawrence Venuti ed. The Translation Studies Reader*[C]. London and New York：Routledge, 2000.

[44]Hans Robert Jauss. *Toward an Aesthetic of Reception*[M]. Minneapolis：University of Minnesota Press, 1982.

[45]Lawrence Venuti. T*he Translator*'s *Invisibility：A History of Translation* [M]. London & New York：Routledge, 1995.

[46]Mona Baker. *In other words：A coursebook on translation*[M]. London & New York：Routledge, 2011.